예수님을
생각나게
하는 사람

헨리 나우웬

두란노

The Living Reminder

Copyright © by Henri J.M. Nouwen
Originally published by HarperCollins Publishers
10 East 53rd Street, New York, New York 10022, U.S.A.
All rights reserved.

This Korean Edition Copyright © 1999, 2011 by Duranno Press
95 Seobinggo-dong, Yongsan-gu, Seoul, Korea

This Korean edition is published by arrangement with
HarperOne, an imprint of HarperCollins Publishers
through Eric Yang Agency, Seoul.

본 저작물의 한국어판 저작권은 Eric Yang Agency를 통해 HarperCollins Publishers와 독점계약한 두란노서원에 있습니다.
신 저작권법에 의하여 한국 내에서 보호받는 저작물이므로 무단전재와 무단복제를 금합니다.

예수님을 생각나게 하는 사람

헨리 나우웬

예수님을 생각나게 하는 사람

지은이 | 헨리 나우웬
옮긴이 | 피현희
초판 발행 | 1999. 9. 9
54쇄 발행 | 2024. 12. 31.
등록번호 | 제3-203호
등록된 곳 | 서울시 용산구 서빙고동 95번지
발행처 | 사단법인 두란노서원
영업부 | 2078-3333 FAX | 080-749-3705
출판부 | 2078-3444

┃ 책값은 뒤표지에 있습니다.
ISBN 978-89-531-1545-3 03230

┃ 독자의 의견을 기다립니다.
tpress@duranno.com　http://www.duranno.com

두란노서원은 바울 사도가 3차 전도 여행 때 에베소에서 성령 받은 제자들을 따로 세워 하나님의 말씀으로 양육하던 장소입니다. 사도행전 19장 8-20절의 정신에 따라 첫째 목회자를 돕는 사역과 평신도를 훈련시키는 사역, 둘째 세계선교(TIM)와 문서선교(단행본·잡지) 사역, 셋째 예수문화 및 경배와 찬양 사역, 그리고 가정·상담 사역 등을 감당하고 있습니다. 1980년 12월 22일에 창립된 두란노서원은 주님 오실 때까지 이 사역들을 계속할 것입니다.

CONTENTS

차 례

프롤로그

13 예수님의 치유하심을 생각나게 하는 사람
서론
상처
치유
치유자
결론

39 예수님의 붙드심을 생각나게 하는 사람
서론
지탱해 주는 것
지탱해 주기
지탱해 주는 사람
결론

65 예수님의 인도하심을 생각나게 하는 사람
서론
인도
인도하심
안내자
결론

에필로그
주(註)

프롤로그

연결점을 찾아

사역자들의 영적인 자원은 무엇입니까? 많은 과업과 계획과 약속에 파묻혀 있지만 그 속에서 실상 자신의 가슴은 어딘가에 잃어버리고 만 사람들이 있습니다. 사역자들도 이렇듯 건조하고 무뚝뚝하며 미온적인 관료들처럼 되지 않도록 하는 길은 무엇입니까? 사역자들로 하여금 살아서 늘 생기가 넘치고 정열적이며 열심이 가득 차게 해주는 비결은 무엇입니까? 또한 사역자들이 경이감과 기쁨과 감사와 찬양의 마음을 늘 유지하면서 말씀을 전하고 가르치며 상담하며 예배하려면 어떻게 해야 합니까?

이 책은 이러한 질문들을 다룹니다. 이 질문들은 복음을 전하는 일에 열망을 가진 사람들이 사역자로서 그들 삶과, 개인으로서 그들 삶을 어떻게 서로 연결해야 하는지에 대한 것들입니다. 사역과 영성과의 관계를 아주 주의 깊게 파헤치고자 합니다.

사역이란 주님의 이름으로 하는 섬김입니다. 곧 가난한 사람들에게 복음을 전하고, 포로 된 자들에게 자유를 선포하고 눈먼 자를 눈뜨게 하고 억압된 자를 풀어 주며 주님의 날을 선포하는 것입니다(눅 4:18). 또한 영성이란 우리 안에 있는 영의 삶에 관심을 갖는 것입니다. 영성은 광야로 나가든지 산으로 올라가서 기도하는 것입니다. 영성은 주님 앞에 열린 가슴과 생각으로 서는 것입니다. 영성은 "아바 아버지"라고 부르짖는 것입니다. 뿐만 아니라 영성이란 우리의 사랑스러운 하나님의 말할 수 없는 아름다움을 묵상하는 것입니다.

우리는 지금까지 사역과 영성을, 섬김과 기도를 분리하려는 유혹에 빠져 있었습니다. 마귀는 우리에게 이렇게 말합니다.

"기도하기에는 너무 바빠. 우리의 관심을 필요로 하는 일들도 너무 많고, 엄청나게 많은 사람들의 요구를 다 들어주어야 하며, 치료해 주어야 할 상처들도 너무 많아. 기도는 사치스러운 거야, 한가할 때 하루 일을 쉬거나 수양회 같은 데 가서 하는 게 기도지. 트라피스트 수도사들이나, 가난한 글라라회의 수녀들, 혼자 외롭게 사는 은자들처럼 특별히 기도만 하는 그런 사람들이야 어디 사역에 관계하고 있다고 할 수 있겠어. 그들은 자유롭게 오로지 묵상만 하고 사역이야 다른 사람들에게 맡겨 놓은 것 아니겠어."

그러나 이런 식의 생각은 위험합니다. 사역자들뿐만 아니라 묵상하는 사람들에게도 해롭습니다. 섬김과 사역은 결코 서로 분리될 수 없습니다. 이 둘은 음과 양의 이치처럼 서로 연결되어 있습니다.

이 책에서 나는 사역과 영성의 관계를 찾아서 어떻게 섬김이 기도이며 기도가 섬김인지를 보여 주고자 합니다. 많은 생각 끝에 나는 이런 탐구를 하는 데 가장 좋은 방법은 사역을 '기억'으로, 사역자를 예수님을 생각나게 하는 사람으로 보는 것임을 깨달았습니다.

구약과 신약 모두에서 '기억한다'는 말은 중요한 의미를 갖고 있습니다. 에이브러햄 조슈아 헤쎌(Abraham Joshua Heschel)은 "성경이 요구하는 많은 것들이 '기억한다'는 이 한 마디 말에 포함될 수 있다"고 말했습니다.[1] 그리고 닐스 달(Nihls Dahl)은 초대 기독교에 대해 언급하면서 다음과 같은 말을 했습니다.

"사도들이 공동체를 세우는 일 외에 공동체에 대한 그들의 첫 번째 임무는 그들이 받은 그래서 이미 알고 있거나 마땅히 알아야 하는 것들을 신실하게 기억 나게 해주는 일이었습니다."[2]

그래서 그 임무는 곧 성경적으로 핵심적인 전통을 유지하면서 사역을 기억이라는 맥락에서 보는 것입니다. 그러므로 나는 사역자를 생각나게 하는 사람(reminder)으로 보면서 우리가 가진 영적인 자원들에 대해 이야기하고자 합니다.

첫째로 예수님의 치유하심을 생각나게 하는 사람(healing reminder), 둘째는 예수님의 붙드심을 생각나게 하는 사람(sustaining reminder), 셋째는 예수님의 인도하심을 생각나게 하는 사람(guiding reminder)으로 보고자 합니다. '치유하다' '붙들다' '인도하다' 이 세 가지 용어는 스워드 히트너(Seward Hiltner)가 그의 책 「목회 신학 입문(*Preface to Pastoral Theology*)」에서 아주 잘 설명하고 있습니다.[3]

앞으로 세 장에 걸쳐서 나는 나의 스승이라 할 수 있는 히트너 덕분으로 그가 쓴 용어들을 동일하게 사용하여 우리 사역의 중심에서 이런 영적인 자원들을 추구하고 또 찾아낼 수 있다는 나의 신념을 함께 나누기 원합니다. 더욱이 이런 용어들은 영적인 삶에 대한 오늘날의 관심사를 지난 수십 년 간 사회 과학 분야에서 받아들여 실제적인 사역에도 적용해 온 대인 관계에 대한 새로운 통찰력과 연결하는 데도 도움이 될 것입니다.

예수님의 치유하심을 생각나게 하는 사람

서론
상처
치유
치유자
결론

서론

　엘리 비젤(Elie Wiesel)에 관한 이야기부터 먼저 하겠습니다. 1944년 헝가리의 시게라는 도시의 유대인들은 모두 체포되어 강제 수용소로 추방되었습니다. 현재 유명한 소설가이자 보스턴 대학교 교수인 엘리 비젤도 그들 중 한 사람이었습니다. 그는 대학살에서 살아남았으며 이십 년이 지난 후 고향으로 돌아왔습니다. 그러나 그를 가장 고통스럽게 한 것은 시게 주민들이 그들의 기억 속에서 유대인들을 지워 버렸다는 사실입니다. 그는 이렇게 쓰고 있습니다.

　시게 주민들이 어제의 자신들의 이웃을 쫓아낸 데 대해서 아니면 그들을 부인한 데 대해서 내가 화가 난 것이 아니었습니다. 화가 난 것은 그들이 자신들의 이웃들을 잊어버렸기 때문입니다. 그렇게도 빨리, 그렇게도 완벽하게 유대인들은 그 도시에서 쫓겨났을 뿐만 아니라 시간 속에서도 쫓겨난 것입

니다.¹

 이 이야기는 우리의 죄악을 망각하는 것이 우리가 죄를 짓는 그 자체보다 더 큰 죄임을 암시합니다. 왜냐구요? 잊혀진 것은 치유받을 수도 없고 쉽게 치유받을 수 없는 것은 더 큰 악의 원인이 되기 때문입니다. 유대인의 대학살에 대한 자신이 쓴 많은 책에서 엘리 비젤은 아우슈비츠나 부첸발트 또는 트레블린카와 같은 수용소들을 우리에게 기억시켜 우리의 죄의식을 고취하고 우리의 양심을 고통스럽게 하려는 것이 아닙니다. 오히려 우리의 기억들이 치유되도록 하여 다가올 더 나쁜 재난을 막으려 합니다. 아우슈비츠에 대해 잊어버림으로써 히로시마 폭격을 낳았고, 히로시마를 잊음으로써 이 세상을 파괴할 수도 있다는 것입니다.

 우리의 과거를 잘라 버림으로써 우리의 미래도 함께 마비됩니다. 즉 우리 뒤에 있는 악을 잊어버리면서 우리 앞에 있는 악을 불러들이는 것입니다. 조지 산타야나(George Santayanna)는 "과거를 잊어버리는 자는 그것을 되풀이하고 만다"고 했습니다.

 이런 사실을 염두에 두고 나는 먼저 예수님의 치유를

생각나게 하는 사람인 사역자가 우리의 상처 입은 과거를 치유함으로써 어떻게 새로운 미래를 열어 줄 수 있는지에 대해 이야기하고자 합니다. 나는 상처, 치유, 그리고 치유자 이 세 영역에 대해 다루고자 합니다.

상 처

프랑스 작가이며 정치가인 앙드레 말로(Andre Malraux)는 자신의 *Anti-Memoirs*(반기억)에서 이렇게 쓰고 있습니다.

"성격 못지않게 기억의 형태에 의해 인간이 서로 차별화된다는 사실을 깨달을 때가 언젠가 올 것입니다."[2]

굉장히 중요한 관찰입니다. 우리는 나이가 들수록 더 많은 것들을 기억해야 하며, 어떤 점에서는 우리가 가지고 있는 것들 대부분이, 전부는 아니라 하더라도 기억이라는 사실을 깨닫습니다. 우리의 존재를 인식하는 데 기억이란 아주 중요한 역할을 합니다. 우리의 고통과 즐거움, 슬픔과 만족감 같은 것들이 단순히 우리 인생에 어떤 일들이 일어났는지에 달려 있을 뿐만 아니라 어쩌면 그보다 더 우리가 이런 일들을 어떻게 기억하느냐에 달려 있습니다. 아마도 우리 인생에서 실제 일어난 일들은 우리 인생의 전체 이야기 속에서 그런 일들이 어떤 형태를 갖느냐보다 덜 중요할 것입니다.

사람에 따라서 비슷한 질병이나 사고나 성공이나 깜짝 놀랄 일 등에 대해서 각자 다르게 기억합니다. 또한 무슨 일이 일어났는지보다는 일어난 일들을 어떻게 기억하며, 또 과거에 일어난 일들을 자신들의 개인 역사 속에 어떻게 기록하느냐에 따라서 자신의 자아 인식이 크게 달라집니다.

그러므로 우리 인간이 갖고 있는 대부분의 감정이 우리가 무엇을 기억하는지에 아주 밀접하게 관계하고 있다는 사실은 놀랄 만한 것이 아닙니다. 후회란 쓰라린 기억이고, 죄책감은 자신을 고소하는 기억이며, 감사는 즐거운 기억이며, 이 모든 감정들은 우리가 과거에 일어난 일들을 세상에서 우리의 존재 양식에 어떻게 통합하느냐는 방법에 따라 깊이 영향을 받습니다. 우리의 기억은 새로운 느낌과 생각들을 바라보고 이해하는 데 도움을 줄 뿐만 아니라 너무나도 다양한 삶의 경험 가운데 그런 느낌과 생각들이 차지할 공간을 제공합니다.

나는 이민자들, 특히 네덜란드 사람들이 미국에 처음 왔을 때 미국에 대해 반응하는 방식에 언제나 매혹되었습니다. 그

들이 새로운 나라에서 자신들이 편안함을 느끼기 위해 맨 처음 하는 일은 앞서 그들이 살던 나라를 기억 나게 하는 사물들을 바라보는 일입니다. 그리고 나서 그들은 고향 땅에서 보다 더 크고 더 넓고 더 무거운 것들을 보기 시작합니다. 마침내, 대개 수년이 지난 후 나라 안에서 사물들을 비교할 수 있게 됩니다. 동과 서, 도시와 시골 하는 식으로 비교하게 됩니다. 이렇게 될 때 비로소 그들은 편안해집니다. 그때 비로소 그들은 미국 안에서 사물들의 다른 부분과 면모들을 서로 비교할 수 있을 만큼 커다란 기억 창고를 구축해 놓은 셈입니다.

이런 관찰은 우리의 기억이 우리가 삶을 경험하는 방식에 있어서 얼마나 중요한지를 보여 줍니다. 이 때문에 의학, 정신 의학, 심리학, 사회 사업처럼 사람들을 돕는 모든 전문직들은 항상 환자나 고객의 기억에 대한 질문을 던집니다.

"당신 이야기를 해주시죠. 어떻게 이곳에 오게 되었습니까? 당신을 지금 이곳으로 인도한 사건들이 있었습니까?"

분명히 이들 치료자들이 듣는 것은 단지 사건들뿐만 아니라 사건들에 대한 기억들입니다.

우리가 사역을 하면서 가장 빈번히 부딪히는 고통은 바로 기억에 의한 고통이라고 말해도 전혀 과장이 아닙니다. 그런 고통들은 치유를 필요로 하는 상처 입은 고통들입니다. 소외감, 외로움, 분리감, 불안과 두려움과 불신감, 신경 쇠약, 불면이나 손톱을 물어뜯는 것 같은 이 모든 증세들이 바로 어떤 기억들이 취하고 있는 양상들이 부분적으로 나타난 것들입니다. 이런 기억들이 때로는 우리 존재의 핵 속에 깊이 감추어져 있기 때문에 접근하기가 매우 어렵고 그래서 고통스럽습니다.

좋은 기억들은 우승컵, 장식, 학위, 보석, 꽃병, 반지, 초상화 같은 외적인 표식으로 우리에게 주어지기도 합니다. 반면에 고통스러운 기억들은 우리에게 감추어져서 잊혀지기도 합니다. 이런 기억들은 우리에게서 감추어진 장소에서 치유받기를 거부하고 따라서 우리에게 더 많은 해를 끼치기도 합니다.

우리가 별로 좋지 않은 기억에 대해 가장 먼저 가장 즉각적으로 취하는 반응은 잊어버리는 것입니다. 어떤 고통스러운 일이 일어났을 때 우리는 재빨리 자신에게 또는 서로에게 이렇게 말합니다.

"잊어버립시다. 그 일은 없던 걸로 해둡시다. 거기에

대해서 더 이상 이야기하지 말고 더 좋은 것들을 생각합시다."

우리는 과거의 고통을 잊어버리기 원합니다. 그것이 개인적이든, 공동체적이든 또는 국가적 고통이든지 잊어버리고 실제로 그런 일이 일어나지 않은 것처럼 살기 원합니다. 그러나 결국 그런 것들을 기억하지는 않더라도 우리는 그 잊혀진 기억들이 독자적인 힘을 갖고서 우리가 인간으로 기능을 발휘하는 일을 가로막게끔 자신을 허용합니다. 이런 일이 일어날 때 우리는 자기 자신에 대해 이방인이 됩니다. 왜냐하면 우리는 우리 개인의 역사를 우리가 꿈꾸는 환상에 맞추려고 유쾌하고 편안한 크기로 잘라 내고 있기 때문입니다.

과거를 잊어버리는 일은 우리의 가장 친밀한 선생이 우리의 적이 되는 것과 같습니다. 우리의 고통스런 기억들과 직면하려 하지 않음으로써 우리는 우리의 마음을 바꾸고 회개하는 가운데 성숙할 수 있는 기회를 놓치는 것입니다. "건강한 자에게는 의원이 쓸데없고 병 든 자에게라야 쓸 데 있느니라"(막 2:17)는 예수님의 말씀은, 상처를 직면하는 자만이 치유가 가능하며 새로운 방식의 삶으로 들어갈 수 있음을 확증합니다.

치유

어떻게 우리의 상처 입은 기억들을 치료할 수 있을까요? 치유가 가능하도록 먼저 망각의 구석에서 기억들을 끄집어내고, 그런 기억들을 우리 삶의 이야기의 한 부분으로 상기함으로써 치유될 수 있습니다. 잊혀진 것은 치유가 불가능하며, 불가능한 것은 치유될 수 없습니다. 맥스 쉘러(Max Scheler)는 기억하는 일을 통해 잊혀졌으나 고통스러운 과거의 사건들이 갖는 확고한 힘들로부터 우리가 어떻게 자유로워지는지를 보여 줍니다. 그는 이렇게 말합니다.

"기억해 낸다는 것은 기억하고 있는 일이나 사건들이 갖는 은밀한 힘에서 자유로워지기 시작하는 것입니다."[3]

만약 사역자가 생각나게 하는 사람이라면, 첫 번째 임무는 과거의 상한 기억들에 접근하고 그런 기억들이 두려움 없이 빛 속으로 다시 나올 수 있을 여지를 제공하는 것입니다. 비가 내릴 때 땅을 갈지 않으면 씨앗에 닿을 수가 없습니다. 잎들을 다 긁어 내지 않으면 나무의 가려진 부분들에는 태양이 자양분을 공급할 수가 없습니다. 그처럼 우리의 기억들도 두려움과 불안과 의혹으로 덮인 채로 있다면 하나님의 말씀이 열매를 맺을 수가 없습니다.

기억을 돕는 자가 되기 위해서는 기억시켜 주어야 하는 사람들의 행동과 그 삶에 대한 역동적인 이해, 곧 고통스런 기억들을 거부하는 많은 정신적인 세력들에 대한 통찰력 있는 이해가 꼭 필요합니다. CPE(Clinical Pastoral Education: 예비 목회자들을 위한 병원이나 기관에서의 임상 훈련 교육—역주) 운동의 창시자인 안톤 보이즌(Anton Boisen)은 이런 역동적 이해를 극구 주장하면서 "살아 있는 인간 기록을 통한 신학"을 제안했습니다. 현대 행동 과학의 도움과 영감을 입어 많은 목회 신학자나 심리학자들이 이에 대한 이해력을 깊게 했습니다.

지난 몇 십년 동안, 신학을 교육하는 사람들이 이런 역동적인 접근법을 통해 사역에 임하는 것이 중요함을 점차적으로 확신하게 되었으며 CPE를 실시하는 많은 기관들이 이런 방향성을 갖는 데 지대한 공헌을 했습니다. 그러나 오늘날, 특히 칠십 년대 이후에는 많은 질문들이 행해졌습니다.

인간 행동의 복잡한 심리 역동에 대한 지나친 강조로 인하여 사역자들이 메시지 자체보다는 메시지를 받는 자들에게 더 많은 관심을 가지는 현상이 일어나지는 않았는가? 우리가 성경 언어보다는 행동 과학 언어에 더욱 젖어 들지는 않았는가? 하나님보다는 오히려 인간의 이름으로 우리가 더욱 사람들에게 다가가지 않는가? 목회자보다는 심리학자나 정신과 의사가 더 가깝게 느껴지지는 않는가?

때로 이런 질문들은 비난투이며 자기 의를 나타내는 어조이기도 합니다. 그러나 우리가 배운 것에 대해서는 온전히 인정하면서 한발 더 앞으로 나아가고자 하는 정직한 바람에서 그런 질문들을 하기도 합니다. 그런 질문들은 우리를 도전할 뿐 아니라 배운 것들을 인정하는 일 그 이상을 보게끔 합니다. 인정한다는 것은 단지 치유 과정의 한 측면일 뿐이며 다른 한 가지 측면은 연결하는 데 있습니다.

사역자의 위대한 사명은 인간의 이야기와 하나님의 이야기를 끊임없이 연결하는 것입니다. 우리는 한 이야기를 유산으로 물려받았습니다. 우리는 이 이야기를 들을 때, 우리가 매일 듣는 많은 고통스러운 상처들이 그 고립 상태에서 풀려나 하나님과 우리의 관계 한 부분으로 드러나는 그런 방식으로 들을 필요가 있습니다.

우리 인간이 겪는 상처가 하나님이 직접 겪는 고통과 가장 밀접하게 연결되었음을 드러내 보이는 것이 바로 치유입니다. 그러므로 예수 그리스도를 생생하게 기억한다는 것은 우리의 작은 고통이 예수 그리스도 안에서 하나님이 겪으시는 엄청난 고통에 대한 이야기와 맥을 같이하고 있음을 밝히는 것입니다. 보잘것없는 우리의 삶과 우리 안에 계시는 하나님의 위대한 삶이 서로 연결되어 있음을 밝히는 것입니다.

예수님은 자아 중심적이고 개인주의적이며 아주 은밀한 영역에서 우리의 고통스러운 잊혀진 기억들을 끄집어내심으로써 우리의 고통을 치유하십니다. 그분은 우리의 고통들을 모든 인류의 고통, 자신이 짊어지셔서 새롭게 바꾸신 고통과 연결하십니다. 그러므로 치유한다는 것은 근본적으로 고통을 없애는 것이 아닙니다. 우리의 고통이 더 큰 고통의 한 부분이며, 우리의 슬픔이 더 큰 슬픔의 한 부분이며, 우리의 경험이 "그리스도가 이런 고난을 받고 자기의 영광에 들어가야 할 것이 아니냐"(눅 24:26)고 하신 그리스도의 더 큰 경험의 한 부분임을 드러내는 것입니다.

인간의 역사를 고난받는 종의 역사와 연결함으로써 우리는 우리의 역사를 운명의 사슬에서 건져내고 우리의 시간을 크로노스에서 카이로스로, 우연 발생적인 사건과 사고를 우리의 인생 가운데서 하나님의 역사를 찾아내는 끊임없는 기회로 전환하게 합니다. 우리는 루터가 색소니의 선제후(選帝侯) 프레드릭에게 보낸 한 조언의 편지에서 이런 연결성을 밝히는 아름다운 예를 찾을 수 있습니다. 그는 이렇게 씁니다.

> 그러므로 가장 훌륭한 군주이신 폐하께서 독한 질병에 걸리셨을 때 동시에 그리스도께서도 당신 안에서 아프시다는 사실을 알게 되었을 때, 저는 보잘것없으나 폐하께 글로 문안하는 것이 도리라고 생각했습니다. 저는 폐하의 몸 안에서 그리스도께서 우시면서 "주님, 제가 아픕니다"라는 소리를 듣고 계신다고 말해야 할 것 같습니다. 왜냐하면 질병이나 그와 비슷한 악은 크리스천인 우리에게서 생겨난 것이 아니라, 주시며 구세주이신 그리스도 그분에게서 생겨나며 우리는 그 안에 살고 있기 때문입니다.[4]

모든 사역은 우리 삶 가운데 하나님의 심판과 자비의 영역을 벗어난 것은 아무것도 없다는 확신에 바탕을 두고 있습니다. 자신의 양심뿐만 아니라 하나님의 눈으로부터 자신의 이야기의 일부를 숨기면서 스스로 경건한 체하려고 합니다. 우리는 자기 과거의 심판관이 되어서 자비를 제한하며 두려움에 떱니다. 그래서 우리는 자신의 고통뿐 아니라 우리를 위한 하나님의 고통에서부터 자신들을 단절시킵니다.

　도전적인 사역은 아주 구체적인 상황에서 사람들을 돕는 것입니다. 즉 병 든 사람들이나 슬퍼하는 사람들, 신체적 또는 정신적 장애를 가진 사람들, 가난과 억압에서 고통받는 사람들, 세상이나 종교 기관의 복잡한 망에 갇힌 사람들의 이야기를 이 세상에서 계속되는 하나님의 구원 사업의 한 부분으로 보고 경험하는 것입니다. 이런 통찰과 경험을 통한 치유는 아주 정확합니다. 왜냐하면 그들은 세상과 하나님 사이의 단절된 관계를 회복하여 전에는 단지 파괴적으로 보이던 기억들이 지금은 구원의 한 부분으로 되찾아지는 그런 새로운 연합을 가져오게 하기 때문입니다.

치유자

 사역자는 역사 가운데 행하시는 하나님의 위대한 일을 생각나게 하는 자로 부름을 받았습니다. 그런 사역자는 사람들의 상처 입은 과거에 대한 기억을 재생시켜 주고, 그리스도 안에서 하나님께서 고통당하심으로 말미암아 구원받은 모든 인류의 상처와 그들의 상처를 연결함으로 치유하도록 부름을 받았습니다. 그렇지만 그런 식의 관점이 사역자의 개인적인 삶에 대해 시사하는 것은 무엇입니까?

 '어떻게' 라는 질문들을 강하게 하고 싶을 것입니다. "어떻게 하나님의 살아 있는 기억 장치가 되겠습니까? 어떻게 수용하고 연결해야 합니까? 어떻게 개인사를 하나님의 역사로 끌어올리겠습니까?" 그러나 그런 질문들은 "하나님의 기억 장치로서 나는 누구인가?"라는 좀더 기본적인 질문을 피하게끔 하는 유혹에 불과합니다. 참으로 주된 질문은 행함(doing)이 아니라 존재

(being)에 대한 질문입니다.

하나님의 살아 있는 기억 장치로서 사역자에 대해 이야기할 때 특별한 방법이나 테크닉이나 기술을 습득한 후 정복할 수 있는 전문적인 분야에 대해 이야기하는 것이 아니라 일하고 쉬고, 먹고 마시고, 기도하고 놀고, 행동하고 기다리는 등 삶의 총체적인 면을 포용하는 존재 방식에 대해 말하는 것입니다. 전문적인 기술 이전에 우리는 영성이 필요합니다. 즉, 우리의 전 존재와 우리의 모든 활동이 기억의 형태가 되는 그런 영 안에서의 삶의 방식이 필요한 것입니다.

다른 말로 표현하면 주님을 생각나게 하는 사람이 되기 위해서 우리는 아브라함이 그런 것처럼 주님의 임재 가운데 살아가야 합니다. 주님의 임재 가운데 살아간다는 것은, 우리의 모든 욕구와 생각과 행동들이 끊임없이 주님의 인도를 받는 삶의 방식으로 나아가는 것을 의미합니다. 우리가 주님의 임재 가운데 살아갈 때 우리가 보고 듣고 만지고 맛보는 모든 것이 우리에게 주님을 기억하게 해줍니다.

이것이 바로 기도하는 삶의 의미를 말해 줍니다. 이런 삶은 우리가 많은 말로 기도를 하는 삶이 아니라, 우리 존재의 근본과 목적이 되시는 주님을 떠나서는 우리가 어떤 일도 하지 않고 말하지 않고 또 이해하지 않는 그런 삶을 말합니다. 19세기 러시아 정교회의 현자(賢者)인, 은둔자 테오판은 이에 대해 다음과 같은 말로 강력하게 표현했습니다.

> 일상의 임무 가운데 하나님을 경외하는 마음, 즉 하나님의 생각으로 끊임없이 충만한 마음을 반드시 포함해야 할 것입니다. 그리고 바로 이 문을 통해 우리의 영혼이 활동의 세계로 들어가게 될 것입니다. 하나님을 기억하는 일에 견고히 세워지고 그분의 임재 가운데 살아가는 것이 우리 삶의 핵심입니다.[5]

따라서 테오판은 우리의 생각과 마음이 전적으로 하나님을 향해야 하며 하나님 안에서 또 하나님을 통해 세상을 보고 이해해야 한다고 주장합니다. 이것이 바로 기독교인들, 특별히 사역자들을 향한 도전입니다. 우리의 가장 근본된 단절을 깨고 완벽하게 연결된 삶을 살고자 하는 도전입니다.

정사와 권세는 우리를 하나님을 기억하는 일에서 단

절시킵니다. 얼마나 바쁜 활동들과 쉼 없는 염려들이 우리를 단절시키면서 자신의 무질서한 방향과 헌신밖에는 기억시켜 주지 않는지 모릅니다. 우리가 더 이상 주님의 임재 가운데 살아갈 수 없다면 우리의 삶 가운데 하나님을 생각나게 하는 사람이 될 수 없습니다. 그 후 우리는 우리가 어디에서 왔으며 어디로 가는지 잊어버린 낯선 땅에서 곧 이방인이 되어 버립니다. 우리는 더 이상 하나님을 경험하는 통로가 되지 못하고 오히려 하나님을 경험하는 일에 방해가 됩니다. 그렇게 되면 하나님의 임재 가운데 살아가는 것이 아니라 악순환 가운데 살기 시작하며 다른 사람들도 그 곳으로 끌어당깁니다.

언뜻 보기에는 경건하고 환상적인 것 같은데 오래가지 않는 일이 있습니다. 지난 수십 년 간 전문적인 사역에 대한 강조가 우리의 생각을 지배하다 보니, 우리의 능력과 기술과 테크닉과 프로젝트와 프로그램들에 대해 지나치게 자신감을 갖게 해주었습니다. 그렇게 하면서 우리가 하고 있는 일보다는 우리의 존재 자체로서 연계성을 갖도록 부름받은 그런 현실과의 접촉을 우리는 잃어버렸습니다.

최근 나는 내가 무엇을 말하고 무엇을 행하는지에 기초해서 나의 존재 가치를 생각하는 경향이 점점 더 강해짐을 알게 되었습니다. 그러나 성취에 대한 이런 선입견들이 사실은 나로 하여금 하나님께서 그분이 원하시는 대로 나를 통해 말씀하시는 것을 가로막으며 따라서 어떤 특정한 말이나 행동에 앞서 관계성을 맺는 일을 하지 못하게 한다는 것이 매일 매일 명백해집니다.

나는 결코 사역을 위한 훈련의 중요성을 최소화하거나 비평하려는 것이 아닙니다. 단순히 이런 훈련이 영성의 맥락 안에서 일어날 때 좀더 결실을 많이 맺을 수 있음을 말하고자 합니다. 여기서 말하는 영성이란 기본적인 관계 즉 사람과의 관계가 아니라 하나님과의 관계, 우리의 관심을 요구하는 모든 사람들 앞에서 살아가는 것이 아니라 하나님의 임재 가운데 살아가는 삶의 방식을 말합니다. 간단히 말하면, 사랑받고 칭찬받고 존경받고자 하는 우리의 욕구와 섬김을 구별하도록 돕는 그런 영성입니다.

사람들의 모든 요구에 응답하는 것이 우리의 가장 크고 근본된 소명이라는 생각을 오랜 세월 동안 발전시켜 왔습니다. 그러나 성경은 이런 생각을 지지하지 않습니다. 예수님의 근본 관심은 아버지에게 순종하며 그분의 임재 가운데 계속 살아가는 것이었습니다. 이렇게 한 후에야 비로소 사람과 관계한 그의 사명이 무엇인지가 분명해집니다. 이것이 제자들에게 제안하신 길이기도 합니다.

"너희가 과실을 많이 맺으면 내 아버지께서 영광을 받으실 것이요 너희가 내 제자가 되리라"(요 15:8).

우리의 마음과 생각과 혼을 다하여 하나님을 사랑하라고 요구하는 첫 번째 계명이 참으로 첫째라는 사실을 끊임없이 기억해야 합니다. 그렇지만 나는 우리가 진실로 이것을 믿는지 의문이 갑니다. 사실 우리는 하나님을 잊어버리지 않으려고 애쓰면서 우리의 마음과 성품을 가능한 한 동료 인간들에게 주는 것처럼 살아가는 듯합니다. 그러나 예수님의 뜻하시는 바는 이보다는 훨씬 더 철저합니다. 예수님은 하나님과 하나님 한 분에게 오로지 한 마음으로 헌신하는 것을 요구합니다. 하나님은 우리의 모든 마음과 모든 생각과 모든 혼을 원하십니다.

하나님을 향한 이런 무조건적이고 전적인 사랑이 우리의 이웃을 돌보도록 인도합니다. 이런 이웃 사랑은 하나님에게서 우리를 떼어놓거나 하나님에 대한 우리의 사랑과 경쟁하는 그런 사랑이 아니라 모든 인류를 위한 하나님으로 자신을 우리에게 드러내신 그 하나님에 대한 우리의 사랑의 한 표현입니다. 하나님 안에서 우리는 우리 이웃을 알고 그들에 대한 우리의 책임을 발견합니다. 심지어 우리는 단지 하나님 안에서만 우리의 이웃이 우리의 자율성을 침해하는 자가 아니라 진정한 이웃이 되며, 오직 하나님 안에서 또 하나님을 통해서 섬김이 가능해진다고까지 말할 수 있습니다.

처음에는 이 사실이 우리가 우리 이웃과의 관계를 통해서만 하나님을 알 수 있으며, 이웃을 향한 섬김이 곧 하나님을 향한 섬김이라고 많은 이들이 주장하는 견해(마 24:24-40)와는 상치되는 것처럼 보일 수도 있습니다. 그렇지만 이런 견해는 우리들의 개인적인 경험에 깊이 뿌리박고 있으므로 직접적으로 와 닿습니다. 그리고 하나님께서 사람들 안에서 우리를 만나 주신다는 것도 사실입니다.

그러나 하나님과 우리의 관계를 이웃과 우리의 관계로 혼동하지 않아야 한다는 사실은 우리의 사역에 있어 매우 중요합니다. 하나님께서 먼저 우리를 사랑해 주셨기 때문에 우리는 우리 이웃들에게 요구하기보다는 사랑을 줄 수 있습니다. 첫 번째 계명은 두 번째 계명에서 실제적이고 구체적이 됩니다. 두 번째 계명은 첫 번째 계명을 통해 가능해집니다. 첫 번째와 두 번째 계명은 절대로 분리되거나 각기 독자적으로 존재할 수 없습니다. 뿐더러 두 계명이 서로 혼동되거나 대체할 수 있는 것이 아닙니다. 그렇기 때문에 두 번째 계명은 첫 번째 계명과 동등합니다. 그러므로 모든 사역이 하나님과 우리의 개인적이면서도 공동체적인 관계에 기초하는 것입니다.

이것이 바로 디트리히 본회퍼(Dietrich Bonhoeffer)가 자신의 책, 「성도의 교통과 제자도의 대가(*The Communion of Saints and the Cost of Discipleship*)」에서 말하는 바입니다. 이는 또한 토마스 머턴(Thomas Merton)의 글의 중심 사상이기도 합니다. 이것은 또한 그리스도와의 더욱 깊어지는 친밀감을 그들의 모든 행동의 원천으로 삼은 모든 위대한 기독교 지도자들의 직관적 통찰이었습니다.

그리고 하나님을 생각나게 하는 사람으로 살기 위해서는 우리가 무엇보다도 먼저 하나님과 우리 자신들과의 친밀감에 대해 관심을 가져야 합니다. 생명 되시는 하나님의 말씀을 우리가 일단 듣고, 보았고, 상고했고, 만졌기 때문에 우리는 하나님의 살아 있는 기억 장치로 살아갈 수밖에 없습니다.

일단 우리의 삶이 그분과 연결되어 있으면 우리는 그에 대해 이야기할 것이며, 그를 찬양할 것이며, 그의 위대한 일들을 선포할 것입니다. 의무에서가 아니라 자유롭고 자율적인 반응으로 그 일들을 하게 될 것입니다. 이런 반응들을 지속적으로 하고 또 우리가 사역하는 사람들의 절실한 필요에 맞추기 위해서 우리에게는 훈련과 체계화가 필요합니다. 그렇지만 이런 반응은 생생하게 하나님을 경험하기 위한 하나의 수단에 불과합니다.

결론

 예수님의 치유를 생각나게 하는 사람으로 사역자를 이야기하면서 나는 세 가지를 강조하였습니다. 첫째, 사역자는 기억하는 일을 통해 치유합니다. 둘째, 사역자는 기억하는 일을 통해 개인의 상처들을 받아들이고 그 상처들을 고통받는 모든 인류의 상처와 연결합니다. 마지막으로 이런 기억이 사역자가 말하고 행하기 때문에 일어나는 것이 아니라 그들 자신들의 삶이 예수 그리스도 안에서 하나님과 밀접하게 연결되어 있는 것을 통해 일어납니다. 이 말은 예수님을 생각나게 하는 치유자가 되기 위해서는 영성, 하나님과 살아 있는 연합의 길로서의 영적인 결합이 반드시 필요합니다. 이것이 사역자의 일상 생활에서 무엇을 의미합니까?

 이것은 무엇을 기도하느냐는 의미의 기도들이 아니라, 그리스도와 연합된 삶으로서 기도하는 삶이라는 의미에서의 기도가 우리의 첫째 되고 가장 중요한 관심사가 되어야 한다는 것입니다.

이것은 그리스도와 결합된 삶에 있어서는 우리 이웃의 필요와 우리의 섬김의 본질이 밝혀져야 함을 의미합니다.

이것은 모든 훈련과 체계화는 이런 드러냄을 촉진하기 위해 의도되었으며, 또한 행동 과학이 가진 통찰력들은 이런 과정을 돕는 조력자로 보아야 함을 의미합니다.

이것은 기도는 사역 과정에서 외적으로 고려될 수 없음을 의미합니다. 만일 우리가 서로에게 그리스도 안에서 하나님을 생각나게 해줌으로써 치유한다면 우리는 그렇게 할 수 있는 그리스도의 마음을 반드시 가져야 합니다. 그를 위해서 기도는 꼭 필요한 것입니다.

마지막으로, 기도가 함축하는 바는 우리의 삶이 아니라 우리 안에 있는 그리스도의 삶이라는 것입니다. 궁극적으로, 우리 안에 계신 그리스도를 통해 치유가 이루어집니다. 오직 그리스도만이 우리 인간의 소외를 뚫고 들어와 서로의 관계성에서 또 하나님과의 관계성에서 파괴된 연결들을 다시 회복시켜 줍니다.

예수님의 붙드심을
생각나게 하는 사람

서론
지탱해 주는 것
지탱해 주기
지탱해 주는 사람
결론

서론

다시 엘리 비젤 이야기로 시작하려 합니다. 「벽 너머의 도시(*The Town Beyond the Wall*)」[1]와 「예루살렘의 걸인(*A Beggar in Jerusalem*)」[2]에서 비젤은 한 인간을 지탱해 주는 우정의 힘에 대해 아주 탁월한 방법으로 이야기합니다. 두 책 모두에서 자신을 지탱하는 힘이 흘러나오는 것은 단순히 친구를 통해서가 아니라 친구에 대한 기억을 통해서입니다.

「벽 너머의 도시」에서 마이클은 고문을 받으면서도, 곁에 없는 친구 페드로에 대한 기억이 슬픔 가운데서도 그를 지탱해 주었기 때문에 미치지 않을 수가 있었습니다. 그리고「예루살렘의 걸인」에서 데이빗은 이스라엘의 6일 전쟁에서 죽은 친구 캐트리엘에 대한 기억 속에서 자신의 모든 고통을 이겨낼 수가 있었습니다. 이 기억이라는 주제는 비젤의 글에서 매우 중요합니다.

그는 우리가 상처들을 기억할 뿐만 아니라 우리 인생

스토리 가운데 아주 애정 깊은 연대감에 대해서도 기억하기를 원합니다. 과거의 상처에 대한 기억들이 우리를 상하게 한 악을 되풀이하지 않도록 하는 것과 마찬가지로, 사랑에 대한 기억도 우리가 고통을 당하는 날에 큰 자양분이 됩니다.

비젤은 자신의 소설에서 기억이 우리를 과거와 연결해 줄 뿐만 아니라 현재를 계속 살아갈 수 있는 힘을 준다는 심오한 진리를 표출합니다. 그는 여기서 성경에 깊이 뿌리내린 한 신비를 만집니다. 이스라엘이 하나님의 크신 사랑과 긍휼의 역사를 기억할 때 이스라엘은 그들 스스로 이런 역사 속에 들어갑니다. 기억한다는 것은 단순히 과거에 일어난 일들을 돌아보는 것이 아닙니다. 더 중요한 것은 과거의 사건들을 현재로 이끌어 오며 현재 이곳에서 그 사건들을 기념하는 것입니다. 이스라엘 백성에게 기억은 참여를 의미합니다.

브레바드 차일드(Brevard S. Child)는 이렇게 표현했습니다.

"기억하는 행위는 그 사건이 일어났을 때 존재하지 않던 세대를 위해 과거를 현실화하는 것입니다. 그럼으로써 사람들은 구원의 위대한 행위를 친밀하게 경험할 수 있습니다. …과거에는 하나님의 계시 영역에서 시간적으로 공간적으로 분리되어 있었음에도 불구하고 기억을 통해 그 간격이 없어지며 제외되던 사람들이 다시금 구원의 역사를 나누게 됩니다."³

　자신의 백성들을 향한 하나님의 사랑을 잊지 말아야 한다는 것이 성경의 중심 사상입니다. 현재 우리와 함께 있어야 합니다. 모든 것이 암울하고, 주위에는 온통 낙심시키는 목소리들뿐이며, 어떤 출구도 보이지 않을 그때 우리는 사랑을 기억함으로써 구원을 얻을 수 있습니다. 그 사랑은 단순히 지나간 과거를 무엇을 찾듯 회상하는 것이 아니라 지금 우리를 지탱하는 생명력 있는 힘입니다. 기억을 통해 사랑은 시간의 제약을 뛰어넘고 어떤 순간에라도 우리의 삶에 희망을 제공합니다.

　이것이 바로 성경의 메시지입니다. 이것이 바로 이 시대가 당하는 고통의 현장 속에 엘리 비젤이 불어넣는 메시지입니다. 뿐만 아니라 이것은 예수 그리스도의 복음을 전하는 사역자로서 우리 삶의 핵심을 이루는 메시지기도 합니다. 그러므로 나는 이제 예수님의 붙드심을 생각나게 하는 사람으로서의 사역자에 대해 이야기하고자 합니다. 매일 우리를 지탱해 주는 것(the sustenance),

지탱해 주기(the sustaining), 지탱해 주는 사람(the sustainer) 등 세 가지 측면들에서 다루고자 합니다.

지탱해 주는 것

 인생의 신비 중 하나는 가끔 우리는 마주 대할 때보다 서로를 기억할 때 더욱 가깝게 느껴진다는 것입니다. 서로 만나서 대하면 친밀한 대화를 할 수 있기도 하지만 때로는 오히려 그것을 방해하기도 합니다. 우리가 부활하기 전 상태에서 우리 육체는 나타나는 만큼 숨기도 합니다. 실제로 우리 인생의 많은 실망과 좌절들은 서로 보고 신체 접촉을 한다고 해서 우리가 원하는 만큼 항상 가까워지는 것은 아니라는 사실에 기인합니다. 우리 인생의 경험이 많아지면 많아질수록 우리는 서로 보기도 하고 보지 않기도 하는 일을 계속 되풀이하면서 친밀감이 커지는 것을 점점 느낍니다.

 멀리 떨어져 서로 보지 않고 있을 때 기억 속에서 우리는 새로운 방법으로 서로를 바라봅니다. 그럴 때는 서로의 다른 모습 때문에 방해받지 않으면서 서로의 내면 중심을 더 잘 보고 이해할 수 있습니다.

집을 멀리 떠나 있을 때 나는 편지를 통해 가족들과 함께 있을 때보다 훨씬 더 친밀한 방법으로 나 자신을 표현합니다. 그리고 학교에서 멀리 떠나 있을 때 학생들은 종종 편지를 통해 내가 그들과 같이 있었다면 결코 표현할 수 없는 것들을 말합니다.

기억 속에서 우리는 서로의 영혼에 닿을 수 있습니다. 각자가 그 사실을 알면 우리는 언제나 깊은 대화를 할 수 있습니다. 기억은 사실을 왜곡하며 거짓 되게 하며 또 선택적인 지각을 하게 한다는 데는 의심할 여지가 없습니다. 그렇지만 그것은 단지 기억의 한 측면일 뿐입니다. 기억은 또한 분명하게 해주고 순화해 주며, 초점을 맞추게 하며 숨겨진 은사들을 가장 잘 드러나게 합니다.

어머니와 아버지가 집을 떠난 자녀를 생각할 때, 자녀가 부모를 기억할 때, 남편과 아내가 오래 떨어져 있다가 서로를 생각할 때 대개 가장 좋은 것들이 기억에 떠오르면서 상대의 진정한 아름다움이 우리의 의식 속에 들어옵니다. 우리가 사랑으로 서로를 기억할 때 우리는 서로의 영혼을 불러내 영적인 연합이라는 새로운 친밀감 속으로 들어갑니다. 동시에 우리가 다시 함께 하며, 서로를 새롭게 보며, 새롭게 발견한 영적인 삶을 나누고 싶다는 소망을 일으키는 사랑스러운 기억은 서로 사랑을 나누는 가운데 더욱더 구체적으로 표현되며 더욱더 깊이 새겨질 수 있습니다.

그러나 더 깊은 만남은 언제나 다시금 더욱더 순화된 헤어짐을 가져옵니다. 그러므로 우리의 창조적인 기억과 연결된 만남과 헤어짐의 계속적인 상호 관계성은 서로를 향한 우리의 사랑을 순화하고, 깊게 하며 지속하는 한 통로입니다.

이런 지탱해 주는 힘에 대한 기억은 예수 그리스도를 통해 나타난 하나님의 모습에서 가장 신비롭게 보입니다. 참으로 우리는 기억 속에서 그리스도가 우리를 돌보시고 지탱해 주시는 그런 관계 속으로 들어갑니다. 예수님은 잡히시기 전, 마지막으로 제자들에게 말씀을 주시면서 이렇게 말씀하셨습니다.

"…내가 떠나가는 것이 너희에게 유익이라 내가 떠나가지 아니하면 보혜사가 너희에게 오시지 아니할 것이요…진리의 성령이 오시면 그가 너희를 모든 진리 가운데로 인도하시리니…"(요 16:7, 13).

여기서 예수님은 제자들이 진정으로 자신과 친밀한 관계를 가질 수 있는 것은 기억을 통해서 가능하다는 사실을 밝히십니다. 즉 예수님을 기억하는 일을 통해서 그들이 목격한 것의 진정한 의미를 경험할 수 있다는 뜻입니다.

그들은 예수님의 말씀을 들었고 변화산에서 그분을 뵈었고 죽음과 부활에 대한 그분의 말씀을 들었습니다. 그렇지만 그들의 귀와 눈은 닫혀 있었고 말씀을 이해하지 못했습니다. 성령, 그분의 성령이 아직 오시지 않았고 그들이 비록 보고 듣고 냄새를 맡았고 만졌지만 그들은 여전히 멀리 있었습니다. 오직 그분이 떠나간 후에야 그분의 진리의 영이 자신의 모습을 제자들에게 드러냈습니다. 그분이 떠남으로 새롭고 더욱더 친밀한 만남이 가능하게 되었습니다. 그러한 임재가 고난 가운데서 제자들을 돌보고 지탱해 주었으며 그를 다시 만나고자 하는 소망을 일으켰습니다.

하나님의 계시의 큰 신비는 하나님께서 예수님의 오심으로 뿐만 아니라 그가 떠나가심으로 우리와 친밀한 관계 속으로 들어가셨다는 것입니다. 참으로 그리스도의 부재로 말미암아 우리는 그분과 더욱더 친밀하게 되며 그분이 우리 안에 거하신다고 말할 수 있으며, 그분을 우리의 양식과 음료로 부를 수 있으며, 또한 그분을 우리 존재의 중심으로 경험할 수 있습니다.

이론적으로는 불가능한 이 사실이 디트리히 본회퍼 같은 사람들의 생애에서 분명히 나타났으며, 알프레드 델프(Alpred Delp)⁴는 나찌의 감옥에서 죽음을 기다리고 있었지만 예수님의 부재 가운데서 그분의 임재를 경험했습니다. 본회퍼는 이렇게 썼습니다.

"우리와 함께 계시는 하나님은 우리를 용서하시는 하나님이십니다(막 15:34). ···우리는 하나님 없이 하나님 앞에서 또 하나님과 함께 삽니다."⁵

따라서 예수님을 기억하는 일은 과거의 구원 사건들을 기억하는 것보다 훨씬 더 능력이 있습니다. 그것은 생명을 주는 기억, 즉 현재 여기서 우리의 삶을 지탱해 주고 세워 주면서 일상의 많은 위기 가운데서 뿌리내린 참 존재 의식을 우리로 하여금 갖게 해주는 기억입니다.

지탱해 주기

　예수님의 붙드심을 생각나게 하는 사역은 어떻게 일어납니까? 떠남과 만남의 상호 작용 속에서 성숙이 일어난다고 앞에서 말했을 때, 우리는 분명히 떠남의 사역을 더욱더 자세히 살펴볼 필요가 있습니다.

　우리는 함께 있는 것을 크게 또 긍정적으로 강조하는 문화와 사회 속에서 살고 있습니다. 우리는 함께 하는 것이 떠나 있는 것보다는 언제나 낫다는 가치관을 가지고 있습니다. 사역자로서 우리의 직업은 보다 함께 하는 일로 이루어져 있습니다. 즉 환자나 학생을 만나며, 예배나 성경 공부 시간이나 모든 종류의 자선 모임이나 파티나 저녁 식사 자리나 오락을 할 때나 늘 부재가 아니라 참여가 있어야 합니다. 내가 사는 동네의 길거리에서도 우리는 사람들과 함께 합니다.

　비록 이렇게 함께 하는 사역이 의심할 여지없이 매우 의미가 있지만, 언제나 부재의 사역과 균형을 이루어야 합니다. 왜냐하면 창조적인 사역의 핵심은 주님의 부재의 고통을 그분의 현존에 대한 더 깊은 이해로 끊임없이 바꾸는 것이기 때문입니다. 그렇지만 현존이 먼저 경험되어야 비로소 부재는 의미가 있을 수 있습니다.

그러므로 사역자는 단지 하나님의 현존만 증거하고 하나님의 부재의 경험을 인내할 수 없다면 온전한 사역을 완성할 수 없습니다. 사역자가 참으로 예수 그리스도를 생각나게 하는 사람이라면, 반드시 자신의 현존뿐만 아니라 자신의 부재 속에서도 사람들에게 주님을 기억하게 하는 방법들을 찾아야 합니다. 여기에 어떤 구체적인 시사점이 있습니다. 여기에는 떠나는 기술이, 확실하게 부재할 수 있는 능력이 필요하고 무엇보다 중요한 것은 창조적으로 떠나는 것이 필요합니다. 심방과 성만찬식의 예를 들어 이것을 설명해 보겠습니다.

가정이나 병원을 심방할 때 환자나 교인들에게 우리가 함께 있든 우리가 떠나든 그들에게 좋은 것이라는 것을 반드시 경험하게 해야 합니다. 이렇게 하면 우리의 심방을 기억하는 것이 심방 그 자체보다 더 중요하지는 않다고 하더라도 적어도 그만큼은 중요해질 수 있습니다.

나는 우리가 떠나는 것이 성령님을 위한 자리를 만들어 주며, 우리의 부재로 말미암아 하나님이 새로운 방법으로 임재하실 수 있는 그런 사역이 있음을 깊이 확신합니다. 심방 후의 부재와 절대로 가지 않음으로 인한 부재와의 사이에는 굉장한 차이가 있습니다. 가지 않으면 떠나는 일도 없고, 현존이 없는 부재는 단지 공허함이며, 성령님을 통해 하나님과 더 깊은 친밀감을 가질 수 있는 길이 아닙니다.

"내가 떠나는 것이 유익하니"라는 예수님의 말씀이 우리가 하는 목회적인 모든 요구의 한 부분이 되어야 합니다. 우리는 성령께서 오실 수 있도록 떠나는 것을 배워야 합니다. 그런 후에 우리는 참으로 살아 있는 증거자로 기억될 수 있습니다. 이 사실은 우리가 어떤 방이나 집을 떠나기 전에 던지는 마지막 말에 민감해야 한다는 사실을 보여 줍니다. 이는 또한 떠나기 전에 하는 기도가 새로운 빛 가운데로 들어갈 수 있는 가능성을 제공합니다.

목회 심방뿐 아니라 성찬을 할 때도 우리는 부재의 사역의 중요성을 인식할 필요가 있습니다. 이것이 성찬의 핵심입니다. 우리는 성찬에서 무엇을 합니까? 우리는 떡을 떼지만 우리의 배고픔을 채우지 못합니다. 우리가 포도주를 마시지만 우리의 목마름을 가시게 하지는 못합니다. 우리가 책을 읽지만 우리의 무식을 없애지는 못합니다. 이런 '어설픈 예식'을 기념하기 위해 함께 모입니다.

우리의 모든 욕구를 만족시킬 수 없는 그런 단순한 예식은 가장 먼저 주님의 부재에 대해 말합니다. 아직 주님은 재림하시지 않았습니다. 우리는 아직도 가야 하며, 여전히 기다리며 여전히 바라며 여전히 갈망합니다. 우리는 각자에게 우리가 받은 약속을 상기시켜 주면서 그분이 다시 오실 때까지 기대감 속에서 계속 기다리도록 서로를 격려해 줄 떡과 포도주와 또 책을 가지고 주의 탁자에 모입니다.

그러나 우리가 그분의 부재를 확인할 때조차도 우리는 그분이 이미 우리와 함께 계시다는 것을 깨닫습니다. 우리는 각자에게 이렇게 말합니다.

"먹고 마시세요. 이것은 그분의 살이요 피입니다. 우리가 기다리고 있는 분은 우리의 양식이요 우리의 음료입니다. 그분의 임재는 우리가 서로에게 함께 하는 것보다 훨씬 더 생생합니다. 그분은 우리가 계속 길을 갈 수 있도록 우리를 지탱해 주시며, 광야에서 자신의 백성을 먹이신 것처럼 우리를 먹이십니다."

그러므로 그분의 부재 속에서 그분의 약속을 기억하면서 우리는 우리와 함께 계시는 그분의 임재를 발견하고 함께 기뻐합니다.

사역할 때 가장 큰 유혹은 오직 주님의 현존을 기뻐하면서 그분의 부재는 잊어버린다는 것입니다. 종종 사역자는 사람들을 기쁘게 하는 데 많은 관심을 갖고서 "너 좋고 나 좋고" 하는 식의 분위기를 만듭니다. 그러나 이런 식으로 하면 모든 게 꽉 차서 우리의 기본적인 불충족을 확인할 여지가 없습니다. 그렇게 되면 이런 방법은 인위적인 기쁨과 피상적인 행복감을 가져다 줄 수밖에 없습니다. 또한 기억 속에서 주님께서 우리와 함께 하신다는 사실을 잊어버리기 때문에 환멸을 가져다 주기도 합니다. 우리가 그분의 부재의 고통을 부인한다면 우리를 지탱해 주시는 그분의 현존도 맛볼 수 없을 것입니다.

따라서 사역자들이 주님의 사람들을 주의 식탁으로 초대할 때마다 그들로 하여금 주님의 현존뿐만 아니라 그분의 부재도 함께 경험하도록 초청하는 것입니다. 사역자들은 주의 백성들이 성찬을 즐길 뿐만 아니라 애도하도록, 기뻐할 뿐만 아니라 슬퍼하도록, 만족할 뿐만 아니라 목말라하도록 초청하는 것입니다.

그렇기 때문에 성찬은 주님의 죽음과 부활을 함께 기억하는 것입니다. 지금 이 자리에서 우리를 지탱해 주는 기념 예식입니다. 우리는 기억하도록 인도받으면서 힘을 공급받는 것입니다. 우리는 그분의 부재를 인식하게 되면서 그분의 임재를 발견합니다. 또한 그분이 우리를 떠난 사실을 인식하면서 그분이 우리를 홀로 내버려두지 않았음을 알게 됩니다.

따라서 사람들을 지탱해 주는 힘은 우리의 인내하는 겸손한 태도임을, 거짓된 명랑함이나 쉽게 흥분하는 것이나 공허한 낙관주의에서 나오는 그런 태도가 아님을 봅니다. 사역자는 사람들의 사기를 높이기 위해 부름받은 자가 아니라 고통과 고난 가운데서도 그들의 새로운 삶의 첫 번째 표식을 찾을 수 있으며 슬픔 가운데서도 숨겨진 기쁨을 경험할 수 있다는 것을 부드럽게 상기해 주기 위해 부름받았습니다.

따라서 지탱해 주는 사역을 할 때 사역자는 기억 속에서 하나님의 성령이 직접 나타나시고 온전한 진리 가운데서 인도하실 수 있도록 창조적으로 물러날 줄 아는 기술이 필요합니다. 이런 물러남이 없으면 우리는 더 이상 길을 보여 주는 자가 아니라 길을 방해하는 자가 될, 더 이상 그분의 이름으로 말하고 행동하는 것이 아니라 바로 우리의 이름으로 그렇게 할, 더 이상 지탱해 주시는 주님을 가리키는 것이 아니라 우리 자신의 손상된 인격을 가리키는 그런 위험에 처하게 됩니다.

만일 우리가 하나님의 말씀으로 말하려고 한다면, 우리는 우리가 말하는 것이 참으로 하나님의 말씀이지 나의 말이 아니라는 사실을 분명히 해야 합니다. 우리가 만일 예배를 준비하고 있다면, 우리는 하나님을 준비하는 것이 아니라 우리의 한계를 제시하는 것이고 그 한계 안에서 하나님의 임재가 경험될 수 있음을 인식해야 합니다. 우리가 만일 지도력을 발휘하려고 한다면, 그 지도력이 섬기는 형태가 될 때만 참될 수 있습니다.

이렇게 창조적인 물러남이 우리 사역의 실제적인 한 부분이 되면 될수록 우리는 예수님의 떠나심에, 지탱해 주시는 성령님의 오심을 가능케 한 그런 의미의 떠나심에 더욱 동참하게 됩니다.

지탱해 주는 사람

　사역자의 개인적인 삶에 있어서 지탱해 주는 사역이 의미하는 바는 무엇입니까? 아마도 사역자는 누가 찾을 때 '항상 함께 할 수 있다'는 생각을 한번 재고해 보아야 할지도 모릅니다.

　부재가 우리 사역의 한 부분이 된다면, 누군가 필요로 할 때 사역자는 항상 함께 할 수 있어야 한다는 생각을 먼저 바꾸어야만 합니다. 사역자는 언제 어디든 뛰어가야 한다면 늘 현존만 있지 부재함은 거의 없고, 사람들과 늘 함께 하지만 그들을 떠나는 일은 거의 없으며, 사역자들의 현존만 있지 하나님과 성령님의 임재는 거의 없습니다. 이렇게 하게 되는 많은 이유는 절대 없으면 안된다는 그런 환상에서 비롯되는 것이 분명합니다. 그런 환상에서 벗어날 필요가 있습니다.

　예수님의 붙드심을 생각나게 하는 사람으로서의 사역자에 관해 내가 말한 것을 종합해 보면 사역자의 영적인 삶에 있어서는 때로는 물러나 부재하는 것도 꼭 필요함을 알 수 있습니다. 이런 부재를 위해 골프를 치든, 회의차 여행을 떠나든, 카리브 여객선을 타 보든, 안식년 따위를 가져야 한다고 종교적인 논쟁을 해보려는 의도는 내게 없습니다. 이런 논쟁들도 있었지만 고통받는 이 세상 가운데서 그 어떤 논쟁들도 설득력이 없어 나는 할 말을 잃었습니다. 오히려 나는 부재함의 한 창조적인 방법으로서 기도에 대해 주장하고 싶습니다.

"사역자를 뵐 수 있을까요?"라는 질문에 "죄송합니다. 다른 분을 만나고 계시네요"라는 대답이 아니라, "죄송합니다. 지금 기도 중이십니다"는 대답을 듣는다면 어떻겠습니까? "오늘은 혼자 계시는 날이기 때문에, 오늘은 은밀히 혼자 있는 날이기 때문에, 오늘은 광야에서 보내는 날이기 때문에 목회자를 뵐 수 없습니다"라고 누군가 말한다면 마음이 상하겠습니까?

여기서 말하는 의미는 목회자가 다른 사람들을 만나야 하기 때문에 나를 만날 수 없다는 것이 아니라 그가 우리 모두의 하나님이 되시는 그 하나님과 홀로 함께 있기 때문에 우리를 만날 수 없다는 의미입니다.

제네시 수도원에 계시던 나의 영적인 스승은 일주일에 하루를 수도원에 딸린 한 조그마한 암자에서 보냈습니다. 그의 이런 부재가 내게 아주 위로가 되었던 것으로 기억합니다. 나는 그가 곁에 있는 것을 그리워했지만 그러면서도 그가 온종일 하나님과 함께 보내는 것에 대해 고맙게 생각했습니다. 나는 그의 유일한 관심이 바로 하나님이며, 그가 사람들의 모든 염려들을 가져 가서 하나님과의 친밀한 관계 속에서 모두 의논하며, 그가 떠나 있지만 실제로는 어느 때보다도 더 나와 가까이 있다는 사실을 앎으로써 기운이 나고 힘을 얻고 강건하게 되는 것을 느꼈습니다.

우리가 사람들에게서 떠난다는 것이 하나님과 특별한 만남을 의미할 때 그 부재는 우리를 붙들어 주는 부재가 됩니다.

예수님은 계속해서 제자들을 떠나 아버지 하나님과의 기도 속으로 들어가셨습니다. 성경을 읽으면 읽을수록 나는 예수님께서 온전히 한마음으로 아버지를 생각하신 것에 더욱 놀라게 됩니다. 예수님의 부모님께서 성전에서 예수님을 발견하신 날부터 예수님은 자신이 하시는 모든 말과 행동의 근원 되시는 그분의 아버지에 대해 말씀하십니다. 그분이 무리로부터. 심지어 가장 가까운 이들로부터 떠나실 때는 아버지와 함께 있기 위해 떠나시는 것이었습니다.

"새벽 오히려 미명에 예수께서 일어나 나가 한적한 곳으로 가사 거기서 기도하시더니"(막 1:35).

전생애를 통해 예수님은 아버지와의 관계를 자신의 사역의 중심으로 시작과 끝으로 간주하십니다. 그가 하는 모든 말과 행동은 아버지의 이름으로 하는 말과 행동입니다. 그분은 아버지에게서 오셔서 아버지께로 가셨습니다. 그리고 아버지 집에 그분은 우리를 위한 처소를 마련하기 원하십니다.

예수님이 자신의 사역을 성취하는 한 수단으로서 아버지와의 관계를 유지하고 계시는 것은 아니라는 사실이 분명합니다. 그와 반대로 아버지와 그분의 관계는 그분의 사역의 핵심입니다. 따라서 기도나 하나님과 홀로 하는 날들이나 침묵하는 시간들을 우리의 영적인 건강의 유지를 위한, 영적인 재충전을 위한, 또는 사역에 힘을 얻기 위한 수단으로 보거나 그렇게 이해해서는 결코 안됩니다. 오히려 그런 것들이 바로 사역입니다. 우리는 우리가 하나님과 홀로 있다 하더라도 교인들에게, 환자들에게, 학생들에게 사역하고 있는 것입니다.

　우리가 하나님과 친밀한 교제 속에 있을 때 사람들과도 더욱더 친밀해질 수 있습니다. 기도 가운데, 침묵하며 독거하는 가운데 우리가 사역을 필요로 하는 사람들의 고통의 심장부에 닿을 수 있습니다.

　우리가 진정으로 이 사실을 믿고 있습니까? 종종 우리의 바쁜 사역이 우리로 하여금 더욱더 유능할 것을 요구해온 것처럼 여겨지기도 합니다. 따라서 모든 좋은 것들의 원천 되시는 그분과 함께 하기 위해 우리를 필요로 하는 사람들과 일과 요란한 장소를 떠난다는 것은 어려운 과제입니다. 그럼에도 불구하고 사역자가 진정한 사역자가 되는 것은 기도로 침묵하고 홀로 있을 때입니다. 그럴 때 우리는 어떤 가치 있는 일이 일어난다면 그 모든 것은 하나님의 일이지 우리의 일이 아님을 기억하게 됩니다.

　기도하는 것이 사람 대신에 하나님과 바빠지는 수단은 결코 아닙니다. 사실 기도는 분주함과 유용성과 꼭 있어야 하는 것이라는 허상을 벗겨 줍니다. 기도는 하나님 앞에서 빈 마음으로 무력하게 있으면서 모든 것이 은혜이며 아무것도 단지 우리의 고된 노력의 대가로 얻어진 것이 없음을 선언하는 한 방법입니다.

참으로 하나님을 위해 우리 시간을 써 버리는 것이 바로 사역의 행위입니다. 왜냐하면 이 일은 우리 사역자와 사람들에게 하나님은 우리의 선한 노력에 관계 없이 누구에게든 자유롭게 다가가신다는 것을 기억시켜 주기 때문입니다. 하나님 앞에서 자신이 철저히 무력함을 기도로 표현하고 나면 우리는 우리가 하는 모든 일에 미소 지을 수 있는 여유를 갖게 되며, 우리가 염려하고 있거나 미리 염려하는 일 속에서도 유머를 잃지 않게 될 것입니다.

내가 하고 있는 기도를 생각해 보면, 마치 어떨 때는 기도를 하나님과 작은 세미나를 하는 것처럼 할 때가 많습니다. 나는 아름다운 기도문을 읽고, 심오한 생각들을 하고, 인상에 남을 말들을 하면서 아주 자신이 쓸모 있는 사람이 되려고 하는 것입니다. 그러면서 어떤 점수를 받을지 아주 고심합니다. 하나님 앞에서 무용한 사람이 되어 나의 마음은 침묵하는 가운데 하나님께서 말씀하시도록 해드리는 일은 참으로 어려운 훈련입니다. 그렇지만 내가 좀더 무용해질 때마다 하나님께서 나 자신의 유용성의 한계를 훨씬 넘어서는 새로운 삶으로 부르고 계심을 압니다.

그러므로 사역이란 무엇보다도 이런 '무용의' 기도를 다른 사람들과 나누는 것이라고 말할 수 있습니다. 우리가 다른 사람들에게 손을 뻗어 우리를 지탱해 주는 힘인 하나님의 임재를 알게 하는 것은 바로 이런 침묵의 기도에서 비롯됩니다. 참으로 그로부터 우리는 예수 그리스도를 생각나게 하는 사람들이 됩니다.

결론

 사역자를 예수님의 붙드심을 생각나게 하는 사람으로 이야기하면서 중요한 세 가지 생각들을 나누었습니다. 첫째, 우리는 부재와 현존의 끊임없는 상호 작용 속에서 서로를 붙들어 줍니다. 둘째, 붙들어 주는 사역은 사역자들로 하여금 창조적으로 실재할 뿐 아니라 창조적으로 부재할 것을 요구합니다. 세 번째, 창조적인 부재는 사역자들에게 기도 속에서 하나님과 친밀감을 발전시키도록 또 그 친밀감을 그들의 전체 사역의 근원으로 삼도록 도전합니다.

 이것은 예수님의 붙드심을 생각나게 하는 사역을 하기 위해서는 다음 예수님의 말씀을 우리 자신의 것으로 삼아야 한다는 것을 의미합니다.

 "…내가 떠나가는 것이 너희에게 유익이라 내가 떠나가지 아니하면 보혜사가 너희에게로 오시지 아니할 것이요…"(요 16:7).

사역자로서 매일 삶을 살아가는 데 있어 이 모든 것이 시사하는 바는 무엇입니까?

이것은 우리가 사람들과 함께 하는 방법들뿐만 아니라 사람들을 떠나 그들과 함께 하지 않는 방법들도 개발해야 함을 시사합니다.

이것은 우리가 심방하고 말씀을 전하고 예식을 인도하는 방법에 있어 어떻게 방해자가 아니라 길을 돕는 자가 될 수 있는지 계속 고심해야 함을 시사합니다.

기도는 절대로 개인적인 일이 될 수 없음을 시사합니다. 오히려 기도는 사역의 중심에 있으며 또한 훈련을 통해 형성되는 것입니다.

이것은 우리가 매일 다시 달력을 보면서 일로 바쁜 와중에도 쓸데없어 보이는 시간을 잡는 것이 중요하다는 사실을 시사합니다. 우리는 사람들과 시간을 약속할 때와 똑같은 현실감을 가지고 하나님과의 시간을 계획해야 합니다.

마지막으로 이것은 너무나도 많은 '쓸모 있는' 사람들 가운데서 우리는 우리 자신들의 기본적인 유용성을 계속 기억하면서, 우리가 하는 모든 일에 미소와 유머를 잃지 않도록 애써야 함을 시사합니다.

예수님의 인도하심을
생각나게 하는 사람

서론
인도
인도하심
안내자
결론

서론

다시 한 번 위대한 기억의 사람 엘리 비젤의 말로 시작하려 합니다. 비젤은 자신의 소설 「숲으로 난 문들(*The Gates of the Forest*)」에서 그레골의 이야기를 전해 줍니다.

대학살에서 살아남은 그레골은 과거의 끔찍한 시련들을 겪은 후에 새로운 미래를 찾아 파리로 옵니다. 그곳에서 그는 친구의 충고에 따라 주저하지 않고 랍비를 찾아갑니다. 랍비가 그레골에게 자신에게 무엇을 기대하느냐고 묻자, "저를 울게 해주십시오"라고 대답합니다.

> 랍비는 머리를 흔들었습니다.
> "그걸로는 충분하지 않아요. 노래할 수 있도록 가르쳐 드릴게요. 다 큰 사람은 울지 않습니다. 거지도 울지 않습니다. … 우는 것은 아이들이 하는 짓입니다. 당신은 여전히 아이입

니까? 당신의 삶이 아이의 꿈을 이루는 것입니까? 아니지요. 그러니 울 필요가 없습니다. 당신은 노래할 수 있어야 합니다."

"그러면 랍비 선생님은 저에게 무엇을 기대하십니까?"

"모든 것을요."

그러자 그레골이 저항하기 시작했고, 랍비는 이렇게 덧붙였습니다.

"야곱은 밤새도록 천사와 씨름을 했고 그를 이겼습니다. 그러나 천사에게 새벽이 가까웠으니 가게 해달라고 애원했습니다. 야곱이 그를 가게 해주었고 감사를 표시하기 위해서 천사는 그에게 사닥다리를 가져다 주었습니다. 저에게 이 사닥다리를 가져다 주세요."

"우리 중에 누가 야곱이죠? 그리고 누가 천사죠?"

"모르겠는데요. 당신은 아나요?" 하면서 랍비가 다정하게 윙크를 했습니다.

그레골이 일어나고 랍비가 문으로 그를 배웅했습니다.

"다시 오겠다고 약속해 줘요"라고 말하면서 손을 내밀었습니다.

"다시 오겠습니다."

"우리 축제에도 오실래요?"

"그러겠습니다."¹

이 방문에 대해서는 여러 가지 할 말이 많습니다. 그레골에게 자전적인 특성들을 많이 부여한 엘리 비젤은 이 대화에서 새로운 미래에 대한 자신의 희망을 표현합니다. 눈물 뒤에 노래가 있고, 슬픔 뒤에 축제가 있습니다. 투쟁 뒤에는 감사함으로 천사에게 내려오는 사닥다리가 있습니다.

랍비는 신실하신 하나님을 생각나게 하는 사람입니다. 같은 대화에서 그레골은 이렇게 물었습니다.

"우리에게 어떤 일이 일어난 후에 당신은 어떻게 하나님을 믿을 수가 있겠습니까?"

랍비는 그 질문에 "어떤 일이 일어난 후에 당신은 어떻게 하나님을 믿지 않을 수가 있겠습니까?"라고 대답했습니다.²

우리와 투쟁하시는 하나님은 우리에게 새로운 미래로 향한 사닥다리를 역시 보내 주십니다. 비젤은 우리가 과거를 잊지 않기를 원할 뿐 아니라 미래에 대한 믿음 또한 잃지 않기를 원합니다. 해리 제임스 카거스(Harry James Cargas)는 비젤에 대해 이렇게 말합니다.

"그는 우리 각 사람이 과거 전체의 상속자일 뿐 아니라 동시에 미래 전체를 위한 새로운 출발임을 알고 있습니다."[3]

그래서 위대한 기억 장치인 비젤은 희망적인 안내자가 됩니다. 비젤이 대학살 이후에도 희망에 대해 말할 수 있던 것은 하나님에 대한 깊은 믿음을 가진 유대의 하시딕 전통에서 나왔다는 것은 의심할 여지가 없습니다. 어렸을 때 하시디즘은 비젤의 마음과 정신과 영혼에 불어넣어졌고 심지어 대학살에 의해서도 지워질 수 없는 하나님에 대한 기억을 제공했던 것입니다. 그 신앙은 슬픔과 비탄의 세월 속에서도 그를 살리는 안내자임이 드러났습니다.

예수 그리스도를 생각나게 하는 사람들인 사역자들은 치유자와 붙들어 주는 자일 뿐만 아니라 안내자입니다. 우리의 과거의 상처를 치유하고 현재의 우리를 지탱시키는 기억은 또한 우리의 미래를 인도하고 우리의 삶을 끊임없이 새롭게 해줍니다. 살아 있는 기억 장치가 된다는 것은 기억하는 일을 통해 자신들이 맡은 사람들에게 새로운 방향을 제시하고 그들을 알지 못하는 새로운 땅으로 인도하는 선지자가 됨을 의미합니다.

따라서 나는 예수님의 인도하심을 생각나게 하는 사역자에 대해 이야기하고 싶습니다. 다시금 인도, 인도하심, 안내자라는 세 가지 영역에 우리가 관심을 갖겠습니다.

인 도

 좋은 기억은 좋은 인도함을 제공합니다. 우리 모두는 실의와 실패와 우울의 시간에 우리에게 새로운 자신감과 희망을 주는 것이 좋은 기억임을 경험했습니다. 밤이 어둡고 모든 것이 칠흑 같고 두려울 때 우리는 밝은 새날을 희망할 수 있습니다. 왜냐하면 전에 밝은 날을 보았기 때문입니다. 우리의 희망은 우리의 기억 위에 세워집니다. 기억 없이는 어떤 기대도 없습니다.

 우리가 서로에게 줄 수 있는 가장 좋은 것들 가운데 친절한 말, 사랑의 표식들, 염려해 주는 몸짓들, 평화로운 침묵, 즐거운 축제 등의 좋은 기억들이 포함된다는 사실을 언제나 깨닫고 있는 것은 아닙니다. 당시에는 그런 것들이 너무 당연하고 단순하고 어떤 많은 결실들도 없었지만 그런 것들이 기억이 되었을 때는 혼란과 두려움과 어두움 가운데서 우리를 구해 낼 수 있습니다.

 우리가 인도하는 기억에 대해서 말할 때 우리가 꼭

의식적인 기억, 즉 과거에 일어났던 일들에 대한 명백한 성찰에 대해 언급할 필요는 없습니다. 사실 대부분 우리의 기억들은 성찰 이전 단계에서 우리를 인도합니다. 그 기억들이 우리 안에서 피와 살이 되었습니다. 신뢰와 사랑과 용납과 용서와 자신감과 희망에 대한 기억들은 아주 깊이 우리 존재 속으로 들어가서 우리 존재 자체가 우리의 기억이 됩니다.

우리가 살아 있고, 우리의 심장이 박동하고, 우리의 피가 흐르고, 우리의 허파가 숨을 쉰다는 사실은 우리 인생에 찾아온 모든 좋은 돌봄에 대한 살아 있는 기억입니다. 우리의 어두운 순간들을 지나갈 수 있도록 하며 우리에게 희망을 주는 것은 기본적으로 우리 삶 가운데 살아 숨쉬는 가슴 두근거리는 그런 기억들입니다. 이런 기억들이 우리의 정상적인 일상에서는 잠자고 있을지도 모릅니다. 그러나 위기의 때에 그런 기억들은 재생시키는 그들의 위대한 능력을 드러냅니다.

역사상 위대한 선지자들이 의식적이고 무의식적인 이런 기억들에 호소를 했습니다.

이스라엘의 선지자들이 그 백성들을 인도할 때는 먼저 그들에게 상기시키는 일을 했습니다. 모세가 어떤 말로 그 백성을 인도하는지 한번 보십시오. 그는 야훼 하나님이 애굽에서 인도하신 것을 기억하고 하나님의 길을 따르고 하나님을 경외할 것을 지시합니다(신 8:2-14). 그리고 그 백성들도 한때 이방인이었던 것을 기억하면서 이방인들을 박대하지 말라고 권면합니다(출 22:20; 신 10:19).

이사야의 의분에 찬 소리를 한번 들어 보십시오.

"너희 패역한 자들아 이 일을 기억하고 장부가 되라 이 일을 다시 생각하라 너희는 옛적 일을 기억하라 나는 하나님이라 나 외에 다른 이가 없느니라 나는 하나님이라 나 같은 이가 없느니라 내가 종말을 처음부터 고하며 아직 이루지 아니한 일을 옛적부터 보이고…"(사 46:8-10).

그 백성들에게 자신들의 비참한 노예 시절과 그들을 해방시킨 하나님의 사랑을 상기시키면서 이스라엘의 선지자들은 그들이 앞으로 나아갈 수 있도록 힘을 불어넣었고 그들의 행위로 그들의 기억을 존중하도록 백성들을 도전했습니다. 하나님의 돌보심과 자비하심을 기억시켜 주는 살아 있는 기억 장치로서 선지자들은 동시대 사람들이 갖고 있던 숨막힐 듯한 좁은 생각들을 폭로할 뿐만 아니라 그들의 선조들에게 영감을 주었으며 끊임없이 구원을 찾는 데 있어 여전히 계속적인 인도를 제공하는 그런 이상들도 함께 드러내 주었습니다.

예수님 안에서 이런 예언자적 사역은 완전히 구현되었습니다. 예수님은 가르침을 통해 동시대의 사람들에게 그들 자신의 역사를 상기시키시면서 그들의 제한된 안목에 대항하시고, 그들의 생애 가운데서 하나님이 실제로 인도하심을 인식하도록 도전하십니다. 예수님은 엘리야와 엘리사, 요나와 솔로몬에 대한 기억을 불러일으키십니다. 그분은 그를 따르는 자들의 두려움에 찬 저항을 깨뜨리고 하나님 아버지의 무한한 사랑에 그들의 마음 문을 열도록 애쓰십니다. 예수님께서 그 제자들에게 말씀하시는 회개의 필요성과 하나님의 사랑에 대한 모든 것들은 앞으로 어려운 시간이 닥칠 때 그들로 하여금 기억하도록 하기 위함입니다.

"오직 너희에게 이 말을 이른 것은 너희로 그때를 당하면 내가 너희에게 이 말 한 것을 기억 나게 하려 함이요…"(요 16:4).

그리고 그들은 그렇게 하였습니다. 예수님께서 그의 제자들에게 아버지를 기억시키셨을 때 제자들은 서로서로 또 그들의 제자들에게 예수님을 기억시켰습니다. 예수님에 대한 기억 속에서 그들은 말하고 설교하고 증거하고 떡을 뗍니다. 예수님을 기억하면서 그들은 고난과 박해에서 살아 견딜 수 있는 힘을 얻습니다. 짧게 말하면 타락한 문화와 비틀거리는 사회와 어두운 세상 한 가운데서 그들을 인도하고 그들에게 희망과 자신감을 주는 것은 예수님을 기억하는 데 있습니다.

그러므로 우리의 기억들이 우리를 인도합니다. 그것들이 우리 미래의 청사진입니다. 그 기억들은 우리를 도와 믿음으로 이상을 향해 앞으로 나아가고 우리가 노예 되었던 땅을 떠나게 합니다. 또한 약속의 땅이 여전히 우리 앞에 있다고 말하는 그 부르심에 순종하도록 우리를 돕습니다.

인도하심

 예수 그리스도를 생각나게 하는 사람으로서 사역자들은 일상의 구체적인 환경 속에서 자신이 돌보는 사람들을 어떻게 인도합니까? 사역자들은 기억에 대해서 대항하거나 기억에 영감을 불어넣는 이 두 가지 방법을 통해 사람들을 인도합니다. 대항하는 일을 인도의 한 형태로 생각한다는 것은 뜻밖일지도 모릅니다.

 그러나 새로운 미래로 안내하는 예언자적 사역에서는 우리가 갖고 있는 환상들을 어렵고 고통스럽지만 벗기는 일이 꼭 필요합니다. 그 환상은 "우리가 이미 도달했다"는, 우리 믿음의 최고점을 찾았다는, 우리의 이상에 딱 맞는 삶의 형태를 발견했다는 것을 말합니다. 우리는 우리의 본질적인 이상을 그런 이상에 대한 적당히 편안한 해석으로 대체하려는 유혹을 끊임없이 받습니다.

 이렇게 이상을 우리 자신들의 필요와 욕구에 따라 자

기 만족에 겨워 질식할 정도로 좁게 끌어내리는 것을 모든 개혁자들이 그들의 예언자적 사역에서 대항했었습니다. 6세기의 베네딕트, 12세기의 프랜시스, 16세기의 마틴 루터, 18세기의 존 웨슬리, 오늘날의 도로시 데이와 마더 테레사 같은 사람들은 모두 위대한 이상들이 희미해지고 확신에 찬 호소력을 잃어버리는 그런 형태의 삶에 대항했습니다.

사람들을 인도하는 데는 이런 거짓된 벽들을 무너뜨리고 성장을 방해하는 장애물들을 제거하는 것이 꼭 필요합니다. 정신적이고 영적인 사슬에 묶인 사람들은 인도를 받을 수가 없습니다.

그러나 인도는 대항하는 일 이상을 요구합니다. 위대한 영감이 시작되었던 그 지점으로 돌아가서 본래의 이상을 회복하는 것이 꼭 필요합니다. 이런 의미에서 모든 개혁자들은 수정론자들로 우리에게 위대한 이상을 상기시켜 주는 자들입니다. 베네딕트는 공동체의 이상을 회복했으며, 프랜시스는 청빈의 이상을 회복했으며, 루터는 하나님의 무한한 은혜를 회복했으며, 웨슬리는 살아 있는 신앙의 이상을 회복했습니다. 그리고 오늘날 수많은 선지자들은 평화와 정의의 이상을 회복하고 있습니다. 그들은 모두 과거로 되돌아갔습니다. 감상적인 태도에서 아니라 이상을 회복함으로써 새로운 삶이 발전될 수 있다는 확신에서였습니다.

불어에 *recular pour mieux sauter*라는 상상력이 풍부한 표현이 있는데, '더 멀리 뛰기 위해 뒤로 물러서라'는 뜻입니다. 안내하는 일을 맡은 사역자들은 그들 공동체가 최고의 기억에 다시 닿고 공동체의 사람들이 본래의 이상을 상기하도록 하기 위해서는 뒤로 물러납니다. 역설적이지만 발전이란 잠자던 이상을 부활할 수 있는 위대한 이상을 보존함으로써 일어나는 것입니다.

따라서 사역자는 대항하고 영감을 불어넣음으로써 인도합니다. 대항하는 일은 우리로 하여금 고백하고 회개하도록 도전합니다. 영감을 불어넣는 일을 통해 우리는 다시금 새로운 용기와 자신감을 가지고 위를 바라볼 수 있게 됩니다.

그렇게 대항하고 영감을 불어넣는 일이 우리 매일의 사역에서 어떤 식으로 표현될 수 있겠습니까? 나는 오직 한 가지 구체적인 제안만 하겠습니다. 이야기를 하나 하겠습니다. 종종 위대한 신앙을 가진 다양한 색채를 가진 사람들이 창백한 신앙 교리보다는 훨씬 더 기꺼이 대항하고 영감을 불어넣을 것입니다. 히브리서는 어떻게 앞으로 나아갈 것인지에 대한 일반적인 아이디어를 제공하지는 않습니다. 대신 역사상의 인물들, 아벨, 에녹, 노아, 아브라함, 사라, 이삭, 야곱, 모세와 다른 많은 위대한 사람들을 상기합니다. 그리고 나서 이렇게 말합니다.

"이러므로 우리에게 구름같이 둘러싼 허다한 증인들이 있으니 모든 무거운 것과 얽매이기 쉬운 죄를 벗어 버리고 인내로써 우리 앞에 당한 경주를 경주하며"(히 12:1).

우리는 위대한 이상을 실현한 사람들, 그러면서도 그 시대와 장소의 결박을 끊고 위대한 용기와 자신감을 가지고 알지 못하는 곳으로 들어간 그런 사람들을 상기함으로써 인도합니다. 랍비들은 이야기를 통해 사람들을 인도합니다. 사역자들은 주로 여러 가지 아이디어와 이론을 통해 인도합니다. 우리는 다시 이야기꾼이 될 필요가 있습니다. 그래서 의심하는 심령들을 다른 방법으로 안내하는 위대한 증인들을 우리 주위에 초청함으로써 우리의 사역을 배가해 갑니다.

이야기의 엄청난 능력 가운데 하나는 공간을 만든다

는 것입니다. 우리는 이야기 속에 거하고, 돌아다니고 우리 자신을 위한 장소를 찾을 수 있습니다. 그 이야기는 대항하지만 억압하지 않습니다. 이야기는 영감을 불어넣지만 술수를 쓰지 않습니다. 이야기는 우리를 초청하여 만나게 하고 대화를 함께 나누게 합니다.

우리를 인도하는 이야기는 우리에게 문을 열고 찾을 수 있는 공간을 제공하며 또 우리가 찾는 것을 찾도록 돕기 위해 한계를 제공합니다. 그렇지만 그 이야기가 무엇을 하며 어떻게 그것을 해야 하는지에 대해서는 말하지 않습니다. 이야기는 우리로 하여금 이상에 닿을 수 있도록 우리를 인도합니다. 비젤은 "하나님은 이야기를 좋아하시기 때문에 인간을 만드셨다"고 씁니다.[4] 우리가 서로에게 해줄 이야기가 있는 한 희망은 있습니다. 우리가 서로에게 하나님의 사랑이 나타나는 사람들의 생애를 상기시켜 줄 수 있는 한 새로운 이야기가 숨겨진 새로운 땅으로 나아가야 할 이유가 있습니다.

안내자

사역자의 영적인 삶에서 인도에 대한 이런 이해는 무엇을 시사합니까? 시사점은 많으며 그런 시사점들은 모두 우리가 세상에 우리의 주의를 집중하는 방법에 깊이 파고 듭니다. 그러나 그것들은 모두 인도의 영감의 원천에 닿아야 하는 필요성을 제시합니다.

앞에서 이미 말한 바에 따르면, 우리가 단순한 논쟁이나 몇 마디의 대수롭지 않은 충고나 한두 가지 지시나 이따금 하는 설교로 다른 사람들을 안내할 수 없다는 것은 분명합니다. 예언자가 날마다 자신의 삶을 인도하는 이상에서 나온 말을 할 때만 예언이 다른 사람들을 직면하거나 영감을 줄 수 있습니다. 근시안적인 관점에서 벗어날 힘을 찾고 안전선을 뛰어넘어 갈 수 있는 용기를 얻을 수 있는 것은 그런 예언자적인 사역자와의 만남에 있습니다.

나는 나 자신의 개인적이고 전문적인 삶에 있어 많은 사람들의 조언을 받았습니다. 내가 이에 대해 성찰하면 할수록 어떤 특정한 제안이나 충고에 의해서가 아니라, 내 조언자들에게서 흘러오며 그들 자신의 인식도 훨씬 뛰어넘는 어떤 힘에 의해 나는 인도하심과 희망을 경험하는 것을 깨닫습니다. 한편, 나도 많은 사람들을 도와 주려고 애썼는데 점점 더 놀라는 것은 내가 생각하기에 전혀 도움이 되지 않았을 때 내가 힘을 주었고, 거의 기대하지 않았던 감사의 말을 듣는다는 것입니다.

우리는 때로 자신도 의식하지 못하는 사이에 생명의 영을 드러내고 다른 사람들에게 그것을 나누어 주는 듯합니다. 내가 들은 것 가운데 가장 위로를 주는 말이 있었는데, "내가 당신을 느끼고 아는 것처럼 당신도 당신 자신을 느끼고 알게 되었으면 좋겠습니다. 그러면 그처럼 낙심하지 않을 텐데요"라는 말입니다. 사역의 가장 큰 신비는 우리는 자신의 약점과 한계에 압도당하지만, 우리는 여전히 너무나 명료하게 거룩한 상담자이신 하나님의 영을 우리 자신을 통해 비추고 다른 사람들에게 빛을 가져다 줄 수 있다는 것입니다.

어떻게 하면 우리가 우리를 통해 하나님의 거룩한 상

담자와 안내자가 나타나게 하는 그런 영적인 사람이 될 수 있습니까? 우리가 새로운 세계를 안내하는 진정으로 살아 있는 기억 장치가 되기를 원한다면 반드시 하나님의 말씀이 우리의 가슴속에 새겨져 있어야 합니다. 말씀이 우리의 피와 살이 되어야 합니다.

이것은 지적인 성찰 이상의 의미입니다. 그것은 하나님의 말씀을 묵상하고 되새김질하는 것을 의미하는데, 그 말씀을 씹거나 시편 기자의 표현처럼 종일 그것을 '내 입에 두는' 것을 의미합니다. 이런 일들을 통해서 하나님의 말씀이 천천히 내 머리에서 마음으로 내려와 우리를 생명을 주는 성령으로 가득 차게 합니다. 하나님의 말씀에 대한 이런 '전적인' 묵상은 히브리 사상뿐만 아니라 기독교 전통에도 깊이 뿌리내리고 있습니다. 중세기 베네딕트 학파의 장 러끌락(Jean Leclercq)은 이렇게 표현합니다.

> …묵상한다는 것은 본문을 읽고 '마음으로' 깨닫는 것입니다. 이 말의 완전한 의미는 존재 전체로 깨닫는 것입니다. 즉, 입으로 그것을 낼 때 몸으로, 그것을 고정시키는 기억으로, 그 의미를 이해하는 지성으로, 또 그것을 실천에 옮기고

자 하는 의지로 깨닫는 것입니다.[5]

우리는 우리 자신들을 기억하는 것이 아니라 하나님을 상기시키기를 원하기 때문에, 그리고 절망이 아니라 희망을, 슬픔이 아니라 기쁨을, 죽음이 아니라 생명을 상기시키기 원하기 때문에 이런 방식으로 하나님의 말씀을 묵상하는 것은 필수적입니다. 가장 위대한 소식은 말씀이 육신이 되었다는 것이므로 매일 말씀 묵상을 통해 이런 거룩한 육화(肉化) 작업을 계속하는 것은 참으로 위대한 우리의 소명이요 임무입니다.

말씀을 묵상하는 우리의 임무에 비하면 특별한 기도의 테크닉은 부차적일뿐더러 모든 사람들이 나름대로의 방법을 찾아야 하지만, 기도의 테크닉을 무시하는 것은 목양의 테크닉을 무시하는 만큼 지혜롭지 못합니다. 히브리와 기독교의 영성은 우리의 가장 소중한 관계인 하나님과의 관계를 단지 우리가 자동적으로 쏟아내는 일에 그치게 할 수 없음을 보여 줍니다. 하나님은 분명히 우리 삶의 중심이시기 때문에 그분과 우리의 관계는 기술과 방법이 있는 체계화와 훈련을 필요로 합니다.

그러므로 대부분의 사역자들이 하나님과 함께 있으

면서 말하는 법을 훈련하기보다는 사람들과 함께 있으면서 말하는 법을 훈련하는 데 더 많은 시간을 보내는 것은 슬픈 일입니다. 심지어 어떻게 기도하는지에 대한 질문은 교수들이 대답해야 할 성질의 것이 아니라고 생각하는 신학교들이 있습니다. 그렇지만 하나님의 말씀이 묵상보다는 토론하고 논쟁하는 주제라고 한다면 어떻게 우리가 하나님의 말씀으로 사람들을 인도할 수 있겠습니까? 사람들을 인도하는 것은 삶과 분리된 말씀이 아니라 육체를 입은 우리의 전 존재를 가득 채우고 우리가 행하고 말하는 모든 것 속에 드러나는 그런 말씀입니다.

한 가지 단순하면서도 명확한 테크닉은 기억하는 것입니다. '암기한다'는 표현은 벌써 기억함의 가치를 암시하는 것입니다. 개인적으로 나는 암기하는 기도문이나 시편이 너무나 없다는 사실이 유감스럽습니다. 종종 나는 기도에 대한 책이 필요한데, 그것이 없으면 마음에 그저 떠오르는 빈약한 생각에 의존하는 경향이 있습니다. 내가 생각하기에 '쉬지 않고' 기도하기가 그처럼 어려운 이유는 교회 바깥에서는 기도하게 되지 않기 때문인 것도 있습니다.

그러면서도 나는 내가 암기하는 기도문들이 매우 고통스런 위기들을 지나가게 할 수 있음을 믿습니다. 감리교 목사인 프레드 모리스는 시편 23편이 브라질의 고문실에서의 고통스런 시간들을 어떻게 견디게 하였는지, 또 가장 어두운 시간에 어떻게 평안함을 주었는지를 나에게 이야기했습니다. 나는 내가 그런 책들 없이도 생존해야 하는 시간에 어떤 말이 나에게 위로가 될지를 계속 궁금해 했습니다. 나는 이런 위기 상황에서 나를 인도해 줄 하나님의 말씀 없이 나 자신의 무질서한 생각에 의지해야 할까 두렵습니다.

아마도 1970년대에 우리는 기도의 여러 가지 풍부한 전통들을 재확인하는 아주 특별한 기회를 가진 듯합니다. 사막의 교부에서 아빌라의 테레사, 이블린 언더힐, 토마스 머턴에 이르기까지 모든 영적인 저자들은 우리의 삶에서 기도의 거대한 힘과 그 중요성에 대해 강조했습니다. 은둔자 테오판은 다음 말로 이것을 강력하게 표현합니다.

기도는 모든 것을 시험하는 것입니다. 기도는 또한 모든 것의 근원이 됩니다. 기도는 모든 것을 추진하는 힘입니다.

기도는 또한 모든 것의 인도자입니다. 만일 기도가 옳다면 모든 것이 옳은 것입니다. 왜냐하면 기도는 어떤 것도 잘못되게 하지 않을 것이기 때문입니다.[6]

이것이 사실이라면 기도에는 배움과 방향성이 필요하다는 것이 분명합니다. 환자와 나누는 대화를 분석하는 것이 우리의 대인 기술의 민감함을 깊게 하는 데 도움을 주는 것과 마찬가지로, 우리의 영적인 생활을 계속 평가함으로써 하나님과 더 가까워질 수 있습니다. 만일 우리가 사람들과의 만남에서 사랑하고 돌보는 일이 어떻게 그 모습을 드러내는지를 열심히 연구한다면, 모든 인간 관계의 원천이며 목적이신 그분과의 관계에 구체적인 관심을 갖는 것을 수줍어하며 피할 이유가 있겠습니까?

우리 일상의 많은 영적인 움직임들이 무책임하며 조작적이고 심지어 거기에 관련된 사람들의 정신적이고 영적인 건강에 명백하게 위험한 것 같다면, 사역자와 장래에 사역을 할 사람들의 영적인 삶을 결코 무식하게 무경험인 채로 내버려두면 안될 것입니다.

신학교들과 CPE 기관들의 프로그램들에 학생들의 영

적인 성숙을 반영하도록 해야 하는 데는 의심할 여지가 없습니다. 이 일은 절대로 쉽지 않을 것이며 많은 함정들이 있을 것입니다. 그러나 학생들과 사역자들의 늘어나는 영적인 요구를 부인하는 것은 이 지극히 민감한 현대 경험의 영역에서 아마추어리즘을 부추기는 형식으로 맞불을 지피는 것밖에는 안됩니다.

오늘날 많은 사역자들은 탁월한 설교가들이자 유능한 상담자이며 훌륭한 행정가들입니다. 그러나 자신들의 삶 가운데서 하나님의 임재를 사람들에게 자신 있게 영적인 방향성을 제시해 줄 수 있는 사역자들은 거의 없습니다. 대부분은 아니라고 하더라도 많은 사역자들에게 성령의 삶이란 아직 낯선 분야입니다. 따라서 수많은 거룩하지 않은 영들이 장악하여 엄청난 파괴를 일삼고 있는 것은 놀랄 만한 일이 아닙니다.

성령과 악령을 분별하여 사람들의 영과 몸뿐만 아니라 그들의 모든 인간 관계에도 활발한 변화가 일어나도록 사람들을 인도할 수 있는 영 분별자들이 더욱 절실히 필요합니다.[7] 이런 분별의 은사는 성령의 은사 가운데 하나로 오직 끊임없는 기도와 묵상을 통해서만 얻어질 수 있습니다.

따라서 기도 훈련을 통해 형성되고 다듬어진 사역자의 영적인 삶이야말로 영적 리더십의 핵심입니다. 우리가 비전을 잃을 때 아무것도 보여 줄 수 없습니다. 우리가 하나님의 말씀을 잊어버렸을 때 아무것도 기억할 수 없습니다. 우리가 우리 삶의 청사진을 묻어 버리면 아무것도 건축할 수 없습니다. 그렇지만 우리 안에서 생명을 주시는 성령과 계속 교제하고 있을 때 우리는 사람들을 사로잡힌 데서 불러낼 수 있으며 희망을 주는 안내자가 될 수 있습니다.

결론

사역자를 예수님의 인도하심을 생각나게 하는 사람으로 논의하면서 나는 다음 세 가지를 강조하려고 했습니다. 첫째, 미래에 대한 우리의 희망은 우리의 의식적 혹은 무의식적 기억 위에 세워져 있습니다. 둘째, 현재의 안락함이라는 거짓된 망상을 벗겨 내고 사람들에게 본래의 비전을 기억 나게 할 때 진정한 안내자가 됩니다. 셋째, 하나님의 말씀을 끊임없이 묵상하는 일을 통해 이 비전이 우리의 살과 피가 됩니다.

이 모든 것은 이런 의미입니다. 즉, 영적인 안내자가 되기 위해서 우리는 기억에 호소하면서 우리의 동료 인간들이 앞으로 나아가도록 격려하는 선지자가 되어야 합니다. 이 말이 사역자로서 우리의 삶에 대해 말하는 바를 요약합니다.

우리의 개인적이거나 집단적인 기억들을 인도함의 원천으로 삼는 방법들에 대해 생각해야 한다는 것입니다.

우리는 예언의 한 형태로 인도함을 보아야 한다는 것입니다.

사역의 한 기술로서 이야기의 기술을 재발견해야 한다는 것입니다.

하나님의 말씀이 우리의 삶 가운데 살아서 역사하기 위해서는 묵상이 필수적이라는 것입니다.

마지막으로 기도 훈련을 목회 교육의 한 분야에 포함시킬 수 있는 방법을 찾아야 한다는 것입니다.

에 필 로 그

당당히 선포하는 사역자

예수님을 생각나게 하는 사람으로서의 사역자에 대한 이 책을 마무리하고 보니, 나는 사실 사역자를 목자로 또 사제로 선지자로 논의했음을 깨달았습니다. 목자로서 사역자는 사람들의 과거의 상처를 치유해 줍니다. 사제로서 사역자는 현재의 삶을 지탱해 줍니다. 선지자로서 사역자는 다른 사람들의 미래를 안내해 줍니다. 사역자는 이 모든 일들을 지금 계시고 과거에 계셨고 또 오실 바로 그분을 기억하는 가운데 행하는 것입니다.

내가 얼마나 전통적인 생각을 하고 있는지 알았을 때 처음에는 약간 부끄러웠습니다. 그렇지만 내가 실제로 한 일이란 결국 현재 우리가 이미 알고 있는 것들을 상기시켜 준 것임을 깨달았습니다.

내가 하고자 한 일은 목회 심리학의 새로운 발전이라는 맥락에서 사역의 성경적 역할에 대해 살펴보고 사역의 심리학적 또 성경적 면이라는 두 측면을 하나의 전문성으로 연합하려는 것입니다.

오늘날 우리가 인식하는 전문성에는 일차적으로 훈련, 기술, 전문 지식, 한 분야에 대한 전공 등이 전제됩니다. 지난 수십 년 간의 신학 교육은 고도로 전문화된 이 세상에서 사역을 하나의 전문직으로 구축하는 일에 커다란 기여를 했습니다. 그렇지만 '전문성' 또한 선포하고 증거하고 공언하고 발표하는 것을 말합니다.

사역자로서 우리의 삶에 있어서 성경적 전통에 깊이 뿌리내리고 있는 선포하는 측면 또한 훈련이 필요합니다. 전문 지식으로서의 전문성과 선포하는 일로서의 전문성을 분리하면 반드시 해가 옵니다. 어떤 사역의 전문성 없이 그리스도 안에서 우리의 믿음을 선포할 때 우리는 누가 듣고 있는지 전혀 고려하지 않고 산꼭대기에서 부르짖는 사람들과 같습니다. 그러나 우리가 아주 능력 있는 전문가지만 당당히 선포하지 않는다면, 우리는 쉽게 하루 정규 근무 시간에 간신히 하나님의 일을 하는 미온적인 기술자가 되고 맙니다.

오늘날 우리에게 가장 도전적인 과업들 가운데 하나는 우리의 영적인 자원을 잘 발굴하여 우리가 발견한 것들 가운데 최선의 것을 우리가 행동 과학에서 발견한 최선의 것과 잘 통합하는 일입니다. 정신과 의사와 심리학자와 의사 등 다른 전문가들은 우리에게 이렇게 질문합니다.

"당신네들이 하는 일과 우리가 하는 일이 다른 점이 뭔지 말해 보시오."

우리는 반드시 이 질문을 도전으로 받고 이 테크노 사회의 한계점을 초월하여 주님이 부활하셨고 진정으로 부활하셨다는 사실을 새로운 열정을 갖고 선포해야 합니다. 이렇게 선포하는 과업을 잊어버린 채 우리는 안일한 전문가로 정착하고 싶은 유혹이 있습니다. 그렇지만 나는 내 마음 깊은 곳에서 복음을 선포하는 어려우면서도 신나는 과업으로 되돌아가도록 우리를 계속 부르는 목소리가 있음을 확신합니다.

미몽에서 깨어난 한 랍비의 이야기로 이 책을 끝맺고자 합니다.

야훼의 진노로 죄인들을 위협하는 것에 진저리가 났습니

다. 그분의 선하심으로 연약한 자들을 위로하는 것도 마찬가지였습니다. 그래서 그는 회당을 떠나 자신의 신분을 숨기고 방황하는 삶을 시작했습니다. 한번은 바람이 잘 들어오는 오두막에 누워서 죽어 가고 있는 한 노파에게 그가 다가갔습니다. 그러자 그 노파가 이렇게 물었습니다.

"나는 왜 태어났죠? 내가 기억하는 한 내 운명은 불행했다는 기억밖에는 없는데요"

"그렇다면 그것을 견뎌내야죠"라고 자신의 신분을 가린 랍비가 대답했습니다. 그리고 그 말이 죽어 가는 노파의 마음에 쉼을 주었습니다. 죽은 노파의 얼굴을 천으로 덮어 준 뒤 그는 그때부터 벙어리가 되기로 결심했습니다. 방황하던 날로부터 사흘 되던 날 한 어린 거지 소녀를 만났는데, 자신의 죽은 아기를 등에 업고 있었습니다. 랍비는 무덤 파는 것을 도와 주었습니다. 아기의 시체를 천에 감싸고 구덩이에 집어넣고는 흙으로 덮었습니다. 빵을 떼면서 거지 소녀가 하는 모든 말에 그는 몸으로 대답했습니다.

"그 불쌍한 것은 기쁨이 뭔지 고통이 뭔지 아무것도 몰랐어요. 걔는 태어날 가치가 있었을까요?"

자신의 신분을 가리고 있던 랍비는 처음에는 미동도 하지 않았지만 그 소녀가 계속 물었을 때 고개를 끄덕였습니다. 그

후로부터 랍비는 벙어리일 뿐만 아니라 귀머거리가 되기로 결심했습니다. 그는 세상을 떠난 한 동굴에 숨었습니다. 거기에서 그가 만난 것이란 흰 족제비뿐이었습니다. 족제비 발이 다쳤길래 약초로 싸매 주었습니다. 그 후로부터 흰 족제비가 그에게 맛있는 씨앗들을 가져다 주었습니다. 그 은자는 기도했고 그 작은 짐승은 코를 문질러댔습니다. 그들은 서로를 즐거워하게 되었습니다.

어느 날 오후 독수리 한 마리가 높은 하늘에서 수직으로 내려오더니 동굴 입구에서 햇빛을 쬐고 있던 흰 족제비를 랍비가 보는 앞에서 낚아챘습니다. 그때 랍비는 눈도 감았더라면 나았을 거라고 생각했습니다. 그러나 자신이 눈멀고 귀먹고 벙어리라면 죽음밖에 기다릴 것이 없는데 그 죽음이 그렇게 빨리 올 것 같지도 않게 느껴졌습니다. 그는 마음을 고쳐먹고 자신의 회중들에게로 돌아갔습니다. 다시 한 번 야훼의 법을 따라 선과 악에 대해 사람들에게 설교를 했습니다. 그는 자신이 전에 했던 일을 했지만 자신이 겪은 부끄러운 경험을 통해 강건해졌습니다.[1]

우리도 종종 우리 집을 떠나 숨어서 한동안 귀머거리로 벙어리로 장님으로 살고 싶을 때도 있을 것입니다.

그러나 우리는 사역자들입니다. 죽어 가는 외로운 사람들뿐만 아니라 하물며 보잘것없는 흰 족제비도 우리에게 그 사실을 상기시켜 줍니다. 그 때문에 우리는 계속해서 우리의 소명을 충실히 하기 위해 사역하는 사람들에게로 돌아갑니다. 그리고 겸손과 사랑 가운데서 점점 더 강해집니다.

주(註)

프롤로그

1. Abraham Joshua Heschel, *Man is not Alone* (New York: Farrar, Straus & Giroux, 1951), p. 161.
2. Nihls Dahl, "Anamnesis: Memory and Commemoration in Early Christianity," *Studia Theologica*, 1(1947), p. 75.
3. Seward Hiltner, *Preface to Pastoral Theology* (New York: Abingdon Press, 1954).

예수님의 치유하심을 생각나게 하는 사람

1. Elie Wiesel, *Legends of Our Time*(New York: Holt, Rinehart and Winston, 1968), pp. 123, 128.
2. Andre Malraux, *Anti−Memoirs*(New York: Bantam Books, 1970), p. 125.

3. Max Scheler, *On the Eternal in Man*, trans. Bernard Noble(New York: Harper and Brothers, 1960), p. 41.

4. Martin Luther, *Letters of Spiritual Counsel*, ed. and trans. Theodore G. Tappert, *Library of Christian Classics*, vol. 18(Philadelphia: The Westminster Press, 1955), p. 27.

5. Theophan the Recluse in Igumen Chariton, *The Art of Prayer*, ed. by Timothy Ware(London: Faber and Faber, 1966), pp. 85, 98.

예수님의 부드심을 생각나게 하는 사람

1. Elie Wiesel, *The Town Beyond the Wall*(New York: Atheneum, 1964).

2. Elie Wiesel, *A Beggar in Jerusalem*(New York: Random House, 1970).

3. Brevard S. Childs, *Memory and Tradition in Israel* (London: SCM Press, 1962), pp. 56. 60.

4. Delp, 잡지 *Stimmen der Zeit*의 정치 경제난의 사회 문제 해설자이며 예수회 신학자이다. 그는 1944년 7월 나치에 의해 투옥되었다가 이듬해 1월 사형 선고를 받고, 본회퍼가 사형되기 두 달 전인 1945년 2월 2일 사형되었다. 델프의 옥중 저술은 그의 전집 *Christus und Gegenwart*, vol. 3: *Im Angesicht des Todes*(Frankfurt am Main: Verlag Josef Knecht, 1949)에 실려 있다.

5. Dietrich Bonhoeffer, *Letters and Papers from Prison*, ed. by Eberhard Bethge(New York: Macmillan and Co., 1972), p. 360.

예수님의 인도하심을 생각나게 하는 사람

1. Elie Wiesel, *The Gates of the Forest*(New York: Holt, Rinehart and Winston, 1966), p. 198.

2. Ibid., p. 194.

3. Harry James Cargas, *In Conversation with Elie Wiesel*(New York: Paulist Press, 1976), pp. 121−122.

4. Wiesel, *The Gates of the Forest*, flyleaf.

5. Jean Leclercq, *The Love of Learning and the Desire for God: A Study of Monastic Culture*(New York: Fordham University Press, 1961), pp. 21−22.

6. *The Art of Prayer*, p. 51.

7. Ibid, p. 119.

에필로그

1. George Konrad, *The Case Worker*(New York: Harcourt Brace Jovanovich, 1974), pp. 130−131.